Der Weg zur Sprache

Vier Aktivitäten bei ersten Anzeichen von Autismus

Andrey Vyshedskiy, PhD

Herausgegeben von Dr. Andrey Vyshedskiy

Übersetzt von Franz Metz, Vater eines autistischen Sohnes

ISBN: 978-1-7948-6508-2

Publikum

Wenn Sie vermuten, dass Ihr Kind Autismus hat, ist dieses Buch für Sie. Der Neurowissenschaftler und Erfinder der Mental Imagery Therapy for Autism (MITA) Andrey Vyshedskiy erklärt, wie Sie Ihrem Kind altersgerecht die besten Möglichkeiten zum Denken und Sprechen geben können. Dieses Buch ist das Ergebnis einer fünfjährigen Studie an Kindern mit Autismus. Es beschreibt auch persönliche Erfahrungen von Eltern, die ihren Kindern geholfen haben, komplexe Sprache zu entwickeln.

Bitte besuchen Sie die Website des Buches, um die neuesten Forschungsergebnisse zu sehen und die Anwendung Mental Imagery Therapy for Autism (MITA) herunterzuladen:

www.ImagiRation.com

Als ich sechs Jahre alt war, las ich in dem Buch: "Boa Constrictor Schlangen schlucken ihre Beute ganz, ohne sie zu kauen. Dann können sie sich nicht mehr bewegen und schlafen während der sechs Monate ihrer Verdauung". Ich grübelte also tief über die Abenteuer des Dschungels nach. Und nach einiger Arbeit mit einem Farbstift gelang mir meine erste Zeichnung. Sie sah ungefähr so aus:

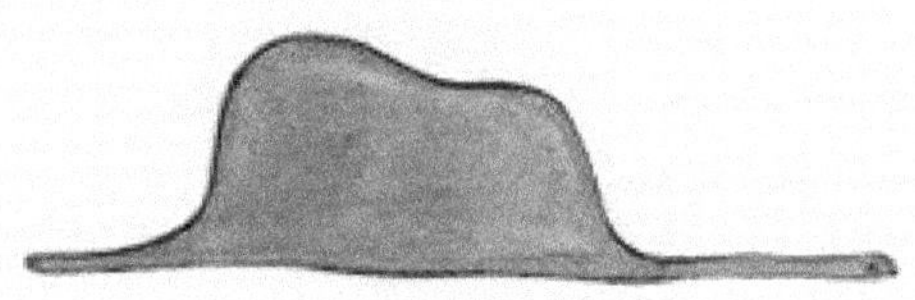

Ich zeigte den Erwachsenen mein Meisterwerk und fragte sie, ob ihnen die Zeichnung Angst mache. Aber sie antworteten: "Angst? Warum sollte man vor einem Hut Angst haben?" Meine Zeichnung war kein Bild von einem Hut. Es war das Bild einer Boa Constrictor, die einen Elefanten verdaut. Aber da die Erwachsenen es nicht verstehen konnten, habe ich eine andere Zeichnung gemacht: Ich habe das Innere einer Boa Constrictor gezeichnet, damit die Erwachsenen es deutlich sehen können. Sie müssen immer Dinge erklärt haben. Meine zweite Zeichnung sah so aus:

ANTOINE DE SAINT-EXUPÉRY, *Der kleine Prinz* (1943)

Inhalt

VORWORT **1**

LASSEN SIE ALLES FALLEN **3**

Die Zeichen lesen 3
Das Wunder des Menschenkindes 7
Die Zeit ist nicht auf deiner Seite 10

BRINGEN SIE IHREM KIND BEI, SEIN „GEISTIGES AUGE“ ZU TRAINIEREN **13**

Bevor Ihr Kind sprechen kann 13
Nicht irgendeine gewöhnliche Sprachtherapie 14
Wenn Sie zu Hause kein Deutsch sprechen 17
Spiele, die Sie mit Ihrem Kind spielen können 18

SPRACHTHERAPIE ALS SPIEL **20**

Spiel 1: Substantive lernen *21*
Spiel 2: Größe lernen *25*
Spiel 3. Farbe lernen *28*
Spiel 4. Farb- und Größenintegration *32*
Spiel 5. Nummernintegration *34*
Spiel 6. Anzahl- und Größenintegration *36*
Spiel 7. Zahlen- und Farbintegration *37*
Spiel 8. Anzahl-, Farb- und Größenintegration *38*
Spiel 9. Integration eines Substantivs und eines Verbs *40*
Spiel 10. Lernen Sie die räumliche Präposition „an“ *43*
Spiel 11. Lernen Sie die räumliche Präposition „unter“ *45*
Spiel 12. Verwenden Sie die Präpositionen „auf“ und „unter“, um Beziehungen zwischen Objekten zu beschreiben *47*
Spiel 13. Lernen Sie die räumliche Präposition „vor“ *48*
Spiel 14. Lernen Sie die räumliche Präposition „hinter“ *49*
Spiel 15. Räumliche Präpositionen „unterwegs“ *50*
Spiel 16. Stapelbecher *51*
Spiel 17. Wer hat wen gefressen? *52*
Spiel 18. „Reiten“ oder „Tragen“? *53*
Spiel 19. Lerne zeitliche Präpositionen *54*
Spiel 20. Märchen *56*
Spiel 21. Wer ist größer? *57*
Spiel 22. Addition lernen *58*
Spiel 23. Passive Verbform *59*

Spiel 24. Integration von räumlichen Präpositionen mit drei Objekten 60
Spiel 25. Subtraktion lernen ... 61
Spiel 26. Zeitliche Präpositionen mit drei Aufgaben ... 62
Spiel 27. Passive Verbform mit drei Zeichen ... 63
Spiel 28. Visualisierung ... 65
Spiel 29. Denkspiel mit drei Personen ... 67
WIE KOMMEN WIR VORAN? ... 69
LOB UND BELOHNUNGEN ... 72

HALTEN SIE IHR KIND VOM BILDSCHIRM FERN ... 75

DAS ANSCHAUEN VON FILMEN UNTERGRÄBT DIE THERAPIE ... 76
WAS IST MIT DEN VORTEILEN DES FERNSEHENS? ... 78
BINDUNG IST THERAPEUTISCH ... 80
PRAKTISCHE ELTERNSCHAFT GEWINNT DAS RENNEN ... 84

DEFINIEREN SIE NUR WENIGE REGELN ... 87

DENKEN SIE NUR AN DAS EINE ... 87
ESSENSZEITEN ... 88
BETTZEIT ... 88
DRAUßEN SPIELEN ... 90
TAGESABLAUF ... 92
TEMPOWECHSEL ... 93
WUTANFÄLLE ... 94
WENN IHR KIND SICH SELBST ODER ANDEREN SCHADEN KANN ... 95
AUSZEITEN UND SICHERE BEREICHE ... 96

DANKSAGUNG ... 99

ELTERN UND THERAPEUTEN LOBEN DIE METHODIK VON „MENTAL IMAGERY FOR AUTISM“ (MITA) ... 101

ÜBER DEN AUTOR ... 111

Der Weg zur Sprache:
Vier Aktivitäten bei ersten Anzeichen von Autismus

von Andrey Vyshedskiy, PhD

Vorwort

Liebe Eltern,

ich habe dieses kurze Buch mit einem Ziel geschrieben, um Ihnen zu helfen, die tragischen Fehler zu vermeiden, die so viele wohlmeinende Eltern, Lehrer und Sprachtherapeuten mit autistischen Kindern machen. Auf dem Spiel steht natürlich die Zukunft Ihres Kindes als unabhängiger, gut funktionierender Erwachsener. Wenn Sie ihm eine Chance auf diese Zukunft geben wollen, müssen Sie zuerst wissen, was ihm im Weg steht.

Fehler Nr. 1: Intervention verzögern

Sobald die ersten Symptome auftreten, beginnt Ihr Wettlauf gegen die Zeit. In Kapitel 1 werde ich die kritische Phase für den Spracherwerb im Leben eines jeden Kindes erläutern. Ich zeige Ihnen auch, welche zusätzliche Arbeit das Gehirn Ihres Kindes parallel leisten muss und warum es dies ohne Ihre ständige Hilfe und Anleitung nicht leisten kann. Sie werden verstehen, warum jede Stunde zählt:

Fehler #2: Falsches Eingreifen

Noch häufiger als darauf zu warten, dass das Kind selbst aus dem Autismus „herauswächst", verschwendet man kostbare Zeit mit fragwürdigen Therapien. In Kapitel 2 werde ich Ihnen einfache Spiele und Aktivitäten vorstellen, die Ihrem Kind helfen, die spezifischen Lernbarrieren zu überwinden mit denen es konfrontiert ist.

Fehler Nr. 3: Sitzen vor einem Bildschirm

Alle modernen Eltern machen sich schuldig, sich mit den Lieblingsvideos ihrer Kleinkinder einen Moment der Ruhe zu erkaufen. Was ist der Schaden? Das kleine Gehirn braucht die Stimulation, oder? Nicht diese Art von Stimulation! In Kapitel 3 werde ich erklären, warum eine sinnlose Aktivität wie das Ansehen eines Films „ein weiterer Stein in der Wand" ist. Ich gebe Ihnen eine Liste mit beliebten Aktivitäten für Kinder und helfe Ihnen, Ihr Kind von schlechten Gewohnheiten abzuhalten, die es möglicherweise bereits angenommen hat.

Fehler Nr. 4: Überbehütung

Da Sie und Ihr Kind erheblich damit beschäftigt sein werden, den Weg für die Erlangung von Sprachkenntnissen freizumachen, werden manche Dinge in den Hintergrund treten müssen. Tischmanieren, Ordnung und Geselligkeit können später im Leben erfolgreich erlernt werden. In Kapitel 4 werde ich über das akzeptable und inakzeptable Verhalten Ihres Kindes sprechen. So vermeiden Sie unnötige Wutanfälle und gehen mit den Unvermeidlichen richtig um.

Nach wenigen Stunden, die Sie benötigen dieses Buch zu lesen, sind Sie auf dem besten Weg, Ihrem Kind zum Erfolg zu verhelfen. Sie werden von Eltern hören, die diese enorme Aufgabe gemeistert haben. Lassen Sie sich von ihnen inspirieren.

Dr. Andrey Vyshedskiy, Boston, MA, USA
Dezember 2021

Kapitel 1
Lassen Sie alles fallen

Es ist kein Geheimnis, dass ein Kind unser Leben dramatisch verändert. Je früher wir uns anpassen, desto weniger bereuen wir es später. Aus diesem Grund planen viele Eltern jeden Schritt im Leben eines Kindes Monate, wenn nicht Jahre im Voraus, von der Geburt bis zum Studium. Leider gibt es bei Autismus keine Möglichkeit, dies im Voraus herauszufinden. Wir haben auch keine Monate Zeit, um uns vorzubereiten. Eigentlich haben wir gar keine Zeit. Wie bei jeder Krankheit dauert es eine Weile, bis sich Autismus manifestiert. Wenn die ersten Anzeichen auftauchen, ist der Prozess bereits in vollem Gange.

Die Zeichen lesen

Können Sie ein Problem lösen, ohne zuzugeben, dass Sie eines haben? Natürlich nicht. Und doch gibt es nur wenige Dinge, die für Eltern schwerer zu akzeptieren sind als die Gewissheit, dass ihr Kind Autismus hat. Instinktiv wollen wir die Tatsache nicht akzeptieren, bis eine medizinische Behörde das beurteilt. Aber die offizielle Diagnose dauert oft zu lange – fragen Sie alle Eltern, die das durchgemacht haben. Sie sollten nicht so lange warten bis Ihr Kind in den Kindergarten kommt, dann ist bereits die gesamte Frühförderungszeit verstrichen. Sie müssen viel früher handeln.

Ricardo bemerkte das ungewöhnliche Verhalten seines Sohnes zum ersten Mal, als Rocco noch ein Baby war. Es dauerte zwei Jahre, bis sich die Familie mit der Diagnose Autismus abfinden konnte.

> *"Er wollte nicht reden oder dahin schauen, wohin wir zeigten. Das war das erste Anzeichen von Schwierigkeiten. Wir haben es versucht zu verdrängen – er ist faul. Er hat dich nicht angesehen, als du seinen*

Namen riefst – er ist stur. Kein Verlangen mit anderen Menschen zu interagieren – vielleicht ist er zu gut für uns, will nichts mit anderen zu tun haben. Wenn er etwas wollte, zeigte er nicht darauf oder bat um Hilfe, er nahm deine Hand und benutzte sie als Werkzeug. Ein großer Hinweis.

Nichts davon haben wir mit Autismus in Verbindung gebracht. Seine ältere Schwester hatte eine normale Entwicklung, und so glaubten wir zu wissen, was uns bei ihm erwartet. Er fing zur richtigen Zeit an zu laufen. Er sprach erste Worte, dann hörte er auf zu sprechen. Als ich der Kinderärztin sagte, dass er aufhörte zu sprechen, wurde sie hellhörig. Ein weiterer Hinweis. Im Nachhinein wusste ich, was sie bedeuteten. Die Kinderärztin wollte nicht die Erste sein, die Ihnen die schlechte Nachricht überbringt. Sie war sehr vorsichtig mit ihrer Wortwahl. „Lasst uns einen audiometrischen Test machen, um ein Hörproblem auszuschließen... Lasst uns mit einem Logopäden sprechen..." Ich wusste damals nicht, welche Möglichkeiten es gab.

Es war Roccos Oma die den Mut hatte, es auszusprechen. Diese Nacht war eine schreckliche Nacht. Meine Frau und ich gingen auf YouTube, um Beispiele zu sehen. Ich brauchte keinen Psychiater um sagen zu können, dass dies mein Kind war. Meine Frau und ich sind beide Professoren. Wir durften uns nichts mehr vormachen. Wir haben die Fakten gesehen."

Sollten Sie die Hinweise ernst nehmen? Autism Speaks, eine ausgezeichnete Webressource für Eltern, hat folgende Tipps:

Was sind die Anzeichen von Autismus?

Der Zeitpunkt der Autismus-Diagnose und die Ausprägung von frühen Anzeichen von Autismus variieren stark. Einige Säuglinge zeigen Hinweise in den ersten Monaten. Bei anderen werden veränderte Verhaltensweisen erst im Alter von 2 oder 3 Jahren offensichtlich. Nicht alle Kinder mit Autismus zeigen auch alle Anzeichen. Viele Kinder, die keinen Autismus haben, zeigen trotzdem einige der für Autismus typischen Verhaltensweisen. Deshalb ist eine professionelle Bewertung entscheidend. Im Folgenden einige Kriterien, die bei der Beurteilung unterstützen können, ob Ihr Kind ein Risiko für eine Autismus-Spektrum-Störung haben könnte. Wenn Ihr Kind eines der folgenden Symptome aufweist, bitten Sie Ihren Kinder- oder Hausarzt sofort um eine Einschätzung:

Nach 6 Monaten

- Wenig oder kein breites Lächeln oder andere warme, freudige und einnehmende Ausdrücke
- Eingeschränkter oder kein Blickkontakt

Nach 9 Monaten

- Wenig oder kein Austausch von Lauten, Lächeln oder anderen Gesichtsausdrücken

Nach 12 Monaten

- Wenig oder kein Geplapper
- Wenige oder keine hin- und hergehenden Gesten wie Zeigen, Vorzeigen, Strecken oder Winken
- Wenige oder keine Reaktion auf den Namen

Nach 16 Monaten

- Sehr wenige oder keine Worte

Nach 24 Monaten

- Sehr wenige oder keine sinnvollen Zwei-Wort-Phrasen (ohne Nachahmung oder Wiederholung)

In jedem Lebensalter

- Verlust zuvor erworbener Sprach-, Plapper- oder Sozialkompetenzen
- Vermeidung von Augenkontakt
- Beständige Vorliebe für Einsamkeit
- Schwierigkeiten, die Gefühle anderer Menschen zu verstehen
- Verzögerte Sprachentwicklung
- Ständige Wiederholung von Wörtern oder Phrasen (Echolalie)
- Widerstandsfähigkeit gegenüber geringfügigen Veränderungen in der Routine oder Umgebung
- Eingeschränkte Interessen
- Repetitive Verhaltensweisen (flattern, schaukeln, drehen usw.)
- Ungewöhnliche und intensive Reaktionen auf Geräusche, Gerüche, Geschmäcker, Texturen, Lichter und/oder Farben

Warum passiert das? Autismus ist eine genetische Störung. Viele verschiedene Mutationen können eine Verschiebung der Gehirnentwicklung verursachen. Einige sind erblich und einige treten spontan auf. Die daraus resultierenden Veränderungen erschweren es Ihrem Kind, sich sozial zu verhalten und komplexe Sprache zu beherrschen. Soweit wir heute wissen, handelt es sich um einen lebenslangen Zustand. Das Spektrum ist jedoch breit, und wo Ihr Kind landet, hängt sehr stark davon ab, was in den ersten fünf Jahren seines Lebens passiert.

Das Wunder des Menschenkindes

Komplexe Sprache ist einzigartig für den Menschen. Obwohl Tiere eine Vielzahl von Signalen senden und empfangen können, sind wir die einzige Spezies, deren Ausdrucksmöglichkeiten unbegrenzt sind. Wir können uns nicht nur gegenseitig alles beschreiben was uns begegnet, sondern wir können auch nach Belieben Szenarien heraufbeschwören und in Worte fassen, die nur in unseren Köpfen existieren.

Diese Gabe verdanken wir einer Reihe von „Hochgeschwindigkeits-" Verbindungen zwischen der Vorder- und Rückseite des Gehirns. Ohne diese Verbindungen wären wir nicht in der Lage, die Details zu erdenken, zu sprechen oder zu verstehen, die unseren normalen Sprachgebrauch ausmachen. Und doch werden wir nicht mit ihnen geboren. Die schnellen Verbindungen, einschließlich des sprachvermittelnden Fasciculus arcuatus, entwickeln sich in den ersten fünf Lebensjahren als Reaktion auf unsere Umwelt. Diese „benutzerdefinierte" Funktion unseres Gehirns hilft jeder Generation, sich an die Veränderungen in unserer Kultur und unserer physischen Umgebung anzupassen.

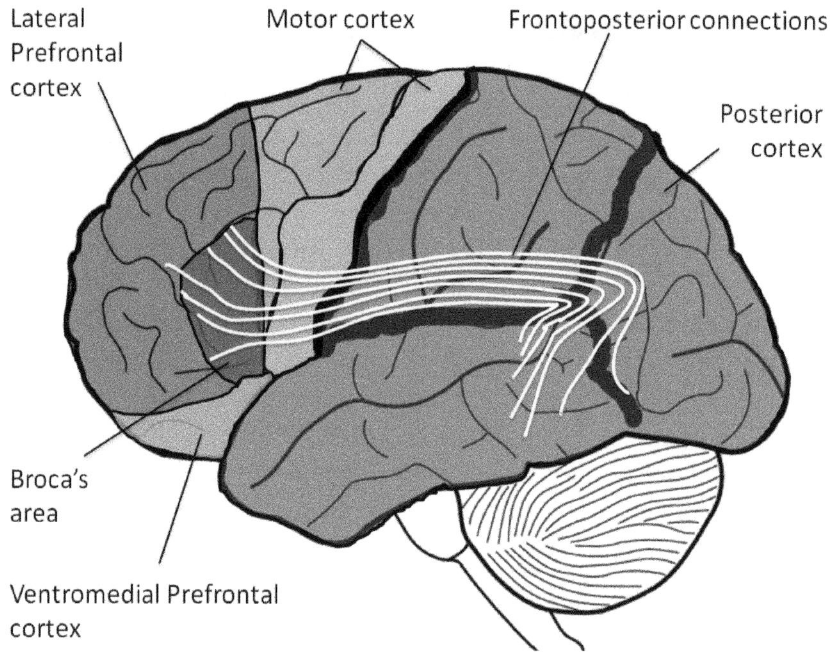

Die „Hochgeschwindigkeits"-Verbindungen zwischen der Vorderseite (als lateraler präfrontaler Kortex gekennzeichnet) und der Rückseite des Gehirns (als Posterior Kortex gekennzeichnet), wie Fasciculus arcuatus und Fasciculus longitudinalis superior, vermitteln ein komplexes Sprachverständnis. Die Verbindungen sind mit Frontoposterior-Verbindungen gekennzeichnet.

Da ein Großteil unserer Gehirnentwicklung erst nach der Geburt stattfindet, braucht der Mensch lange, um erwachsen zu werden. Die meisten Säugetiere erreichen in den ersten Lebensmonaten soziale und körperliche Reife. Im Gegensatz dazu verbringen wir einen großen Teil unseres Lebens als Kinder. Die verzögerte Reifung ist der Preis, den wir für die Neuroplastizität zahlen.

Das Gehirn eines Kindes passt sich nicht nur leicht an eine neue Lebensweise an, es kann sogar seine eigenen Unzulänglichkeiten ausgleichen. In seiner 1967 erschienenen Arbeit „The Biological Foundations of Language" (Die biologischen Grundlagen der Sprache) beobachtete Eric

Lenneberg, dass Kinder, deren linke Gehirnhälfte vor dem 5. Lebensjahr operativ entfernt wurde (zur Behandlung von Krebs oder Epilepsie), heranwuchsen und wie jeder andere Erwachsene funktionieren. Erstaunlicherweise konnte das Gehirn eines kleinen Kindes mit der einen verbleibenden Gehirnhälfte „auskommen".

Auf der anderen Seite gibt es tragische Beispiele für gesunde Kinder, die aufgrund von Vernachlässigung geistig behindert aufwachsen. Wenn Erwachsene nicht mit Säuglingen und Kleinkindern sprechen - oder sie in soziale Aktivitäten einbeziehen - bringt nichts das wachsende Gehirn dazu, die notwendige Hardware zu produzieren und komplexe Sprache bleibt unerreichbar. Dies war die herzzerreißende Realität in armen Waisenhäusern in Rumänien in den 1990er Jahren, in denen Kinder vom Sprechen abgehalten wurden, sowie anderer Kinder mit Sprachmangel auf der ganzen Welt.

Was ist mit einem Kind, das in eine liebevolle Familie wie Ihre geboren wurde?

Während Ihr Kind die gleiche Sprache hört wie seine Altersgenossen, sind die Dinge in seinem Kopf anders. Die genetischen Mutationen seines Gehirns verzerren den Informationsfluss und verändern seine Prioritäten. Die üblichen Wege der Welt funktionieren für ihn nicht. Er blendet sie aus. Obwohl er in der Lage ist, dass was Sie sagen zu verstehen, scheint die daraus folgende Aufgabe überwältigend oder nicht lohnenswert zu sein. Das Gehirn ist standardmäßig auf nonverbale Aktivitäten eingestellt, und ohne sofortige Intervention ist das Ergebnis ähnlich wie bei einem Kind mit Sprachmangel.

Josh begann im Alter von zwei Jahren, Anzeichen von Autismus zu zeigen. Es war unmöglich, seine Aufmerksamkeit zu erregen. Kein Blickkontakt. Er war lieber allein. Dann kam die Diagnose und mit ihr eine Reihe von Experten, von denen jeder seinen eigenen Weg Heilung bewarb. Diät, ABA, Karate, spezielle Programme. Trotz ihrer Behauptungen schienen sie alle Josh weiter in seine Schneckenhaus zu drängen. Dann beschloss sein Vater Alex etwas Neues auszuprobieren.

> *„Anstatt ihn zu ‚reparieren', wollte ich herausfinden, wie es sich anfühlt er zu sein. Ich bemerkte, dass er leicht zu erschrecken war. Super empfindlich auf unseren Tonfall. Ein anderer Ton – Panik, Weltuntergang. Etwas fehlt – Hysterie. Ein Spielzeug zerbricht – Tragödie. Ich dachte, vielleicht ist es Angst. Vielleicht macht ihm die Außenwelt zu viel Stress. Vielleicht kann er aus seinem Schneckenhaus herauskommen, aber er will nicht: Innen ist es ruhiger. Der Kontakt kann ihn verletzen oder erschrecken. Er erwartet sich davon keine Freude."*

Alex fand Wege seinem Sohn das Gefühl zu geben, sich in seiner Gegenwart sicher zu fühlen. Er wartete geduldig darauf, dass Josh ihm zeigte, dass er seine Gesellschaft genoss. Die Bemühungen von Alex zahlten sich aus. Josh taute auf, mochte es, Zeit miteinander zu verbringen, und das öffnete die Tür zu gemeinsamen Lernspielen und Übungen. Im Alter von fünf Jahren fing Josh an zu sprechen.

Die Zeit ist nicht auf deiner Seite

Joshs Erfolg war kein Zufall. Sein Vater tat drei Dinge, die zu Joshs Gunsten funktionierten. Erstens erkannte Alex, dass etwas in Joshs Welt ihn davon abhielt, sprechen zu lernen – oder in irgendeiner Weise mit anderen zu interagieren. Zweitens war Alex für Josh da, um auf seine Bedürfnisse zu hören und die Änderungen vorzunehmen. Schließlich wartete Alex nicht: Josh schaffte eine Reihe von Durchbrüchen, bevor er das kritische Alter von fünf Jahren erreichte.

Hat die Zahl Fünf etwas Magisches?

Die Neurowissenschaft sagt ja, das ist so. Die außergewöhnliche Neuroplastizität des menschlichen Kindes hält nicht ewig an. Aus Erfahrung wissen Sie vielleicht, dass es einfacher ist, in jungen Jahren eine zweite Sprache zu lernen als später im Leben. Solange Sie bereit sind, daran zu arbeiten, können Sie jedoch in jedem Alter eine Fremdsprache lernen. Nicht so mit Ihrer Muttersprache. Die Beweise sind überwältigend, dass wir vor dem fünften Lebensjahr damit beginnen müssen, daran zu arbeiten.

Erinnern Sie sich an die Kinder, die die linke Gehirnhälfte verloren haben und sich vollständig erholten? Wenn das gleiche Verfahren bei Kindern über fünf Jahren durchgeführt wurde, erlitten sie einen dauerhaften Verlust des komplexen Sprachverständnisses und der damit verbundenen Fähigkeiten. In ihrem Fall war das Gehirn nicht in der Lage, die Sprachschaltkreise neu aufzubauen, wie es bei jüngeren Kindern der Fall war – ein Beweis dafür, dass das Alter von etwa fünf Jahren eine „harte“ Grenze für den Spracherwerb ist.

Ebenso erholte sich eine Gruppe rumänischer Waisen, die vor ihrem zweiten Lebensjahr in eine gute Pflegefamilie gebracht wurden, vollständig den Folgen früherer Vernachlässigung.

Diese und viele andere Studien weisen auf ein besonderes Lebensalter für die Grundlegung komplexer Sprache hin. Es läuft im Alter zwischen zwei und fünf Jahren – dem Alter, in dem jedes Kind Hochgeschwindigkeitsverbindungen zwischen der Vorder- und Rückseite des Gehirns entwickelt.

Am Ende dieser kritischen Phase wird Ihr Kind nicht nur neue Fähigkeiten erwerben, sondern auch die Hindernisse beseitigen, die den Lernprozess verhindern. Dies kann es nicht alleine tun. Er braucht eine Umgebung, die es anspricht und gleichzeitig zur Veränderung anregt – bis sich im Gehirn feste Verbindungen gebildet haben. Das ist Ihre Aufgabe. Es beginnt jetzt. Es ist nicht nur besser früh anzufangen, es ist die einzige Chance für Ihr Kind.

Kapitel 2

Bringen Sie Ihrem Kind bei, sein „geistiges Auge" zu trainieren

Die erste Bedingung für den Erfolg besteht darin, die kritische Phase zu erfassen. Die zweite besteht darin, die richtige Lernumgebung zu schaffen. Denken Sie daran, das menschliche Gehirn entwickelt sich nicht isoliert, sondern als Reaktion auf äußere Anforderungen.

Bevor Ihr Kind sprechen kann

Was braucht es, eine Sprache zu erlernen? Sicherlich eine Menge Vokabeln und Grammatikregeln auswendig zu lernen. Aber reicht das? Bevor wir eine Sprache verwenden können, brauchen wir etwas viel Grundlegenderes. Eine Fähigkeit, die wir so früh im Leben erlernt haben, dass wir uns nicht mehr daran erinnern können sie gelernt zu haben. Es hat damit zu tun, mehrere Objekte vor dem geistigen Auge zu halten und sie nach Belieben neu anzuordnen.

Denken Sie an zwei Sätze: „Katze auf einer Matte" und „Matte auf einer Katze". Gleiches Vokabular, gleiche Grammatik, und doch können Sie und ich den Unterschied leicht erkennen, aber ein Autist mit eingeschränkten Funktionen nicht. Was ist hier los?

Besorgen wir uns moderne Bildgebungsgeräte für das Gehirn und schauen wir „unter die Haube". Nervenzellen im hinteren Teil des Gehirns kodieren die Bedeutung der Wörter „Katze" und „Matte" sowie die der räumlichen Präposition „auf". Die Vorderseite des Gehirns aktiviert jede Zellgruppe, bestimmt ihre grammatikalischen Rollen und wendet die Präposition an. Um den ganzen Satz zu verstehen, muss das Gehirn die Bedeutung aller drei Wörter und ihre grammatikalischen Eigenschaften innerhalb von Millisekunden aktivieren. Erst dann wird der Unterschied zwischen den beiden Sätzen deutlich.

Das genaue Timing des Aktivierungsprozesses ist nur möglich, wenn Hochgeschwindigkeitsverbindungen zwischen Vorder- und Rückseite des Gehirns bestehen. Sie wissen bereits aus Kapitel 1, dass sich diese Verbindungen sowohl bei gesunden als auch bei autistischen Kindern irgendwann im Alter zwischen zwei und fünf Jahren bilden müssen. Ein gesundes Kind muss jedoch nur mit der Sprache in Berührung kommen, wie es normalerweise im täglichen Leben geschieht, während Ihr Kind zusätzliche Motivation und Struktur braucht. Die Spiele und Übungen, die wir in diesem Kapitel vorstellen, sollen Ihrem Kind helfen, diese Verbindungen aufzubauen.

Nicht irgendeine gewöhnliche Sprachtherapie

Was würden Sie tun, wenn Sie ein Sportler werden wollten? Würden Sie Ihre Zeit damit verbringen, Ihren Körper zu trainieren und zu konditionieren? Oder würden Sie nach einem perfekten Paar Sportschuhe suchen? Die Antwort scheint offensichtlich. Schuhe sind ein Muss, aber sie sind kein entscheidender Faktor, bis Ihre Fähigkeiten und Ihr Körperbau ein wettbewerbsfähiges Niveau erreichen.

Jetzt da Sie ein wenig darüber wissen, wie das Gehirn Sprache verarbeitet, sehen Sie, dass Vokabeltraining kein Faktor für die Beherrschung komplexer Sprache ist. Erst muss Ihr Kind lernen, Objekte vor seinem geistigen Auge zu neuen und unbekannten Bildern zu kombinieren.

Nennen wir diese Fähigkeit willkürliche Imagination. Es ist eher die willkürliche Vorstellungskraft als das Auswendiglernen, die auf Hochgeschwindigkeitsverbindungen zwischen der Vorder- und Rückseite des Gehirns beruht. Es ist also diese spezifische Komponente der komplexen Sprache, die wir in der frühen Kindheit erwerben müssen.

Kehren wir zu unserem Beispiel „Katze auf der Matte" zurück. Was passiert vor Ihrem Geistigen Auge, wenn Sie diese Worte lesen? Sie platzieren das Bild von „Katze" über dem Bild von „Matte". Wenn ich „große schwarze Katze auf einer winzigen nassen Matte" gesagt hätte, würden Sie das mentale Bild sofort anpassen um die zusätzlichen Details widerzuspiegeln. Wenn ich jetzt: „Große schwarze Matte auf einer nassen Katze –" sagen würde, kein Problem! Ihr Gehirn zerlegt und setzt die Bilder sofort zu einem neuen Bild zusammen, obwohl Sie so etwas noch nie in Ihrem Leben erlebt haben.

Herzlichen Glückwünsch! Ihre willkürliche Vorstellungskraft funktioniert einwandfrei, und das ist es, was wir für Ihr Kind erreichen möchten. Die willkürliche Vorstellungskraft ermöglicht es einem Kind, sich auf Wunsch etwas vorzustellen, so wie man durch willkürliches Anspannen der Muskeln Körperbewegungen steuern kann. Wir brauchen willkürliche Vorstellungskraft, um einem Objekt eine verbale Beschreibung zuzuordnen: „Zeige mir einen großen roten Ball." Um den Ausgang eines imaginären Ereignisses vorherzusagen: „Der Frosch hat den Hund gefressen. Wer hat überlebt?" Oder um den kuriosen Worten eines Märchens zu folgen: hier zum Beispiel „Die Abenteuer des Pinocchio": „...der Hai holte tief Luft und während er atmete, verschluckte er die Marionette so leicht, wie er an einem Ei gelutscht hätte. Dann schluckte er ihn so schnell, dass Pinocchio, der in den Bauch des Fisches fiel, eine halbe Stunde betäubt liegen blieb ..." Die kopfzerbrechende Dramatik von Carlo Collodis klassischem Märchen ist nur so gut wie die Fähigkeit unseres Verstandes, ein Bild eines hölzernen Jungen zu produzieren, der im Bauch eines Hais gefangen ist.

Es ist wichtig, den Unterschied zwischen willkürlicher und unwillkürlicher Imagination zu verstehen. Die eine ist eine zielgerichtete Tätigkeit, die wir vollständig unter Kontrolle haben. Die andere entsteht spontan, wie ein Traum oder ein flüchtiger Gedanke. Kinder verlassen sich beim Kritzeln oder Ausmalen oft auf die unwillkürliche Vorstellungskraft. Beide Arten der Vorstellungskraft tragen zu unserer Kreativität und Problemlösung bei, aber nur die willkürliche Vorstellungskraft verbindet die Vorder- und Rückseite des Gehirns. Die unwillkürliche Vorstellungskraft sitzt vollständig im hinteren Teil des Gehirns. Die willkürliche Vorstellungskraft hingegen hängt sowohl von der Vorder- als auch von Rückseite des Gehirns sowie von den Verbindungen von vorne nach hinten ab.

Mein Team und ich kamen zu dem Schluss, dass willkürliche Imaginationsübungen wie die eben von mir beschriebenen, autistischen Kindern beim Erlernen von Sprachen helfen könnten, weil sie das Gehirn dazu anregen, Verbindungen von vorne nach hinten zu verwenden. Bei täglicher Übung würden diese Verbindungen schneller wachsen und das Haupthindernis für komplexe Sprache beseitigen.

Um unsere Idee zu testen, haben wir eine Softwareanwendung mit willkürlichen Imaginationsübungen geschrieben, die als Spiele getarnt sind. Wir nannten sie Mental Imagery Therapy for Autism (Mentale Imaginationstherapie für Autismus) oder MITA. Die Spiele passen sich automatisch den Fähigkeiten des Kindes an und erhöhen den Schwierigkeitsgrad mit zunehmender Erfahrung. Und keines dieser Spiele wiederholt sich – niemals! Es gibt also keine Chance für ein Kind, sich einfach die richtige Antwort zu merken. Jede Minute wird damit verbracht, das geistige Auge zu „trainieren“.

Wir stellen MITA den Eltern kostenlos zur Verfügung, unter der Bedingung, dass sie alle drei Monate eine Evaluation durchführen, um uns zu informieren, wie es ihrem Kind geht. Im Jahr 2015 haben wir eine dreijährige Studie über die in der App enthaltene Sprachtherapie gestartet. 6.454 Kinder im Alter zwischen zwei und zwölf Jahren nahmen an unserer Studie teil. Heraus kam die derzeit größte und längste Studie zur Sprachintervention bei autistischen Kindern. Am Ende des Dreijahreszeitraums schnitten die Kinder, die regelmäßig MITA-Übungen absolvierten, beim Sprachtest um 120 Prozent besser ab als die Kinder mit gleichen Ausgangswerten, die dies nicht taten.

Die Studie hat uns geholfen, eine einfache Erfolgsstrategie für den Erwerb von Sprache zu formulieren:

Konzentrieren Sie all Ihre Bemühungen darauf, willkürliche Vorstellungskraft zu entwickeln

Tausende von Kindern, die an unserer Studie teilgenommen haben, haben bewiesen, dass unser Ansatz effektiver ist. Deshalb möchte ich nicht, dass Sie sich Sorgen um den Wortschatz Ihres Kindes machen. Wenn Sie einen Sprachtherapeuten beauftragen, finden Sie heraus, was während der Sitzungen geschieht. Das Auswendiglernen vieler Wörter trägt nicht dazu bei, die willkürliche Vorstellungskraft zu trainieren. Das Wichtigste ist, die Wörter zu verbinden. Seien Sie bereit, den Therapeuten anzuleiten – oder werden Sie selbst einer .

Wenn Sie zu Hause kein Deutsch sprechen

Professionelle Therapie ist eine wunderbare Ressource. Für vielbeschäftigte Eltern kann es ein Rettungsanker sein, und viele Schulbezirke bieten es kostenlos an. Es gibt jedoch einen Umstand, in dem ich den Eltern dringend davon abrate, die Therapie selbst durchzuführen. Wenn der Therapeut eine Sprache spricht, die Ihr Kind noch nicht kennt.

Die Kombination der Therapie mit dem Erlernen einer neuen Sprache wird nicht zwei Fliegen mit einer Klappe schlagen. Im Gegenteil, es lenkt Ihr Kind ab und lenkt sein Gehirn davon ab, eine willkürliche Vorstellungskraft zu entwickeln, um sich deutsche Wörter zu merken – genau das, was Sie in der kritischen Phase vermeiden sollten.

Das Erlernen von Fremdwörtern kostet nicht nur kostbare Zeit, es ist auch stressig und anstrengend. Viele Kinder verlassen die Sitzung unruhig und können sich für den Rest des Tages nicht konzentrieren. Das bedeutet, dass sich sehr wenig willkürliche Vorstellungskraft bei Ihrem Kind entwickelt bis es etwas Deutsch lernt, und dann kann es zu spät sein. Das Erlernen einer zweiten Sprache hingegen ist nie zu spät. Es wird kein Problem sein, wenn Ihr Kind einmal die willkürliche Vorstellungskraft beherrscht.

Viele Einwandererfamilien und ethnische Minderheiten ziehen kleine Kinder nur in ihrer Muttersprache auf. Wenn dies auch bei Ihnen der Fall ist und Ihr Vorschulkind kein Deutsch versteht, unterziehen Sie ihn keiner deutschen Sprachtherapie. Suchen Sie sich einen Therapeuten, der Ihre Sprache spricht. Und wenn Sie keinen finden, machen Sie es alleine. Dieses Buch zeigt Ihnen wie es geht.

Spiele, die Sie mit Ihrem Kind spielen können

Unabhängig davon, ob Sie einen professionellen Therapeuten in Anspruch nehmen oder nicht, Ihr Kind verbringt mehr Zeit zu Hause als in der Therapie und lernt zuerst von Ihnen. Sie können ihm helfen eine willkürliche Vorstellungskraft zu entwickeln, indem Sie ihm einfach Fragen stellen und ihm Aufgaben geben. Der Cheftherapeut Ihres Kindes zu sein, unterscheidet sich nicht von jeder anderen Eltern-Kind-Beziehung, und Beständigkeit ist der Schlüssel. Machen Sie Ihre gemeinsame Spielzeit zur Routine und nutzen Sie jede Gelegenheit, sein Gehirn zu trainieren. Im Folgenden finden Sie neunundzwanzig Spiele, beginnend mit den einfachsten und aufbauend bis zu einem Niveau von Erwachsenen. Diese Spiele machen einen großen Teil von MITA aus und bilden einen Parcours zur Entwicklung der freien Phantasie Ihres Kindes.

Es wird wahrscheinlich mehrere Jahre dauern, bis sich Ihr Kind vom ersten bis zum letzten Spiel durcharbeitet. Es gibt keinen Zeitplan für den Abschluss des Kurses. Bleiben Sie bei jeder Übung so lange wie nötig um sie zu beherrschen, bevor Sie zum nächsten Schwierigkeitsgrad übergehen. Seien Sie flexibel und erlauben Sie Ihrem Kind auf die Art und Weise zu lernen, wie es für es am natürlichsten ist. Planen Sie mindestens einmal am Tag eine bestimmte Zeit für diese Spiele ein, und animieren Sie Ihr Kind, die Lektionen auf verschiedene Situationen den ganzen Tag über anzuwenden.

Sprachtherapie als Spiel

Das Ziel dieser Spiele ist es, dem Kind beizubringen, geistige Objekte nach Belieben auf unendlich viele Arten zu kombinieren. Im Gegensatz zum Erlernen neuer Wörter, was in jedem Alter möglich ist, muss diese Fähigkeit in der kritischen Phase zwischen dem zweiten und fünften Lebensjahr erworben werden. Danach führt der Mangel an willentlicher Vorstellungskraft zu einer lebenslangen Unfähigkeit, räumliche Präpositionen oder komplexe Sprache zu verstehen, und zu einer Beeinträchtigung von Kognition, Intellekt und exekutiven Funktionen. Erfreulicherweise zeigen Studien, dass Kinder, die diese Fähigkeit in jungen Jahren beherrschen, in allen Bereichen des Lernens erhebliche Fortschritte erzielen.

Spiel 1: Substantive lernen

Was Sie benötigen:

- Farbige Legobausteine
- Farbige Strohhalme
- Drei Sets farbiger Buntstifte
- Drei Sets Bleistifte
- Drei Sätze farbiger Papiere
- Ein sauberer Tisch: Verwenden Sie den Esstisch, den Couchtisch oder einen Schreibtisch. Wenn kein Tisch verfügbar ist, verwenden Sie eine kleine Decke oder einen auf den Boden gelegten Teppich.

In diesem Spiel verwenden wir ein Legobaustein, einen Strohhalm, einen Buntstift, einen Bleistift und ein Blatt Papier, alle von derselben Farbe (z. B. weiß). Räumen Sie den Tisch komplett ab. Der Spieltisch MUSS sauber sein, um alle Ablenkungen zu vermeiden. Führen Sie jeweils ein Objekt ein.

1. Stellen Sie ein einzelnes Objekt auf einen sauberen Tisch und benennen Sie das Objekt zum Beispiel „Lego“. Überspringe die Artikel und sagen nur „gib mir“. Benennen Sie einfach das Objekt.
2. Bitten Sie Ihr Kind, das Objekt zu berühren und seine Form aufzunehmen. Lassen Sie Ihr Kind den Gegenstand auf dem Tisch herumrollen. Bewegen Sie das Objekt von einer Kinderhand zur anderen – während Sie den Gegenstand benennen.
3. Führen Sie einen „Ablenker“ ein. Jetzt liegen zwei Gegenstände auf dem Tisch: ein Lego und ein Strohhalm. Mischen Sie die Objekte. Bitten Sie Ihr Kind, das Lego auszuwählen.
4. Führen Sie einen zweiten Ablenker ein. Jetzt liegen drei Gegenstände auf dem Tisch: ein Lego, ein Strohhalm und ein Buntstift. Mischen Sie die Objekte. Bitten Sie Ihr Kind, das Lego auszuwählen.
5. Führen Sie einen dritten Ablenker ein. Jetzt liegen vier

Gegenstände auf dem Tisch: ein Lego, ein Strohhalm, ein Buntstift und ein Bleistift. Mischen Sie die Objekte. Bitten Sie Ihr Kind, das Lego auszuwählen.

6. Führen Sie den letzten Ablenker ein. Jetzt liegen fünf Gegenstände auf dem Tisch: ein Lego, ein Strohhalm, ein Buntstift, ein Bleistift und ein Blatt Papier. Mischen Sie die Objekte. Bitten Sie Ihr Kind, das Lego auszuwählen.
7. Es ist ratsam, Ihr Kind an dieser Stelle mit einer anderen Aktivität abzulenken, um sicherzustellen, dass das Wort „Lego" im permanenten Langzeitgedächtnis und nicht im temporären Arbeitsgedächtnis gespeichert wird. Tanzen, Laufen und jede andere körperliche Aktivität sind gute Unterbrechungen, die die Konzentration des Kindes erhöhen.
8. Mischen Sie die fünf Gegenstände auf dem Tisch: ein Lego, einen Strohhalm, einen Buntstift, einen Bleistift und ein Blatt Papier. Bitten Sie Ihr Kind, das Lego auszuwählen.

Fahren Sie mit dem Lernen des Namens des zweiten Objekts fort, einem Strohhalm.

1. Legen Sie ein Objekt auf einen sauberen Tisch und nennen Sie das Objekt „Strohhalm". Überspringe die Artikel und „gib mir". Benennen Sie einfach das Objekt.
2. Bitten Sie Ihr Kind, das Objekt zu berühren und seine Form aufzunehmen. Rollen Sie das Objekt auf dem Tisch hin und her. Bewegen Sie das Objekt von einer Kinderhand zur anderen – während Sie das Objekt benennen.
3. Führen Sie einen Ablenker ein. Jetzt liegen zwei Gegenstände auf dem Tisch: ein Lego und ein Strohhalm. Bitten Sie Ihr Kind, den Strohhalm

auszuwählen.

4. Führen Sie einen zweiten Ablenker ein. Jetzt liegen drei Gegenstände auf dem Tisch: ein Lego, ein Strohhalm und ein Buntstift. Mischen Sie die Objekte. Bitten Sie Ihr Kind, den Strohhalm auszuwählen.
5. Führen Sie einen dritten Ablenker ein. Jetzt liegen vier Gegenstände auf dem Tisch: ein Lego, ein Strohhalm, ein Buntstift und ein Bleistift. Mischen Sie die Objekte. Bitten Sie Ihr Kind, den Strohhalm auszuwählen.
6. Führen Sie den letzten Ablenker ein. Jetzt liegen fünf Gegenstände auf dem Tisch: ein Lego, ein Strohhalm, ein Buntstift, ein Bleistift und ein Blatt Papier. Mischen Sie die Objekte. Bitten Sie Ihr Kind, den Strohhalm auszuwählen.
7. Hier ist es sinnvoll, Ihr Kind mit einer anderen Aktivität abzulenken, damit das Wort „Strohhalm“ nicht im temporären Arbeitsgedächtnis, sondern im permanenten Langzeitgedächtnis gespeichert wird. Tanzen, Laufen und jede andere körperliche Aktivität sind gute Unterbrechungen, die die Konzentration des Kindes erhöhen.
8. Mischen Sie die fünf Gegenstände auf dem Tisch: ein Lego, einen Strohhalm, einen Buntstift, einen Bleistift und ein Blatt Papier. Bitten Sie Ihr Kind, den Strohhalm auszuwählen.

Es ist wichtig, zu Beginn jeder Sitzung zu überprüfen, ob ein Wort noch im Gedächtnis bleibt.

1. Legen Sie alle fünf Objekte auf den Tisch.
2. Bisher haben wir die Wörter Lego und Strohhalm gelernt.
3. Bitten Sie Ihr Kind, Ihnen das Lego zu geben.

4. Belohnen Sie Ihr Kind und legen Sie das Lego zurück auf den Tisch.
5. Mischen Sie alle Gegenstände und bitten Sie Ihr Kind, Ihnen den Strohhalm zu geben.
6. Wiederholen Sie die Anweisungen in zufälliger Reihenfolge, bis Ihr Kind die Objekte genau auswählt.

Lernen Sie die anderen 3 Wörter – Buntstift, Bleistift und Papier – anhand der obigen Schritte. Bevor Sie zu einem neuen Wort wechseln, vergewissern Sie sich, dass sich Ihr Kind noch an alle vorherigen Wörter erinnert. Wenn Ihr Kind alle fünf Wörter gelernt hat und keine Fehler bei der Auswahl der fünf Objekte macht, können wir zur Integration von Substantiven und Adjektiven übergehen.

Spiel 2: Größe lernen

In diesem Spiel lernen wir, einen Größenmodifikator in ein Substantiv zu integrieren. Wir gehen davon aus, dass Ihr Kind bereits Wörter für die fünf Objekte kennt: Lego, Strohhalm, Buntstift, Bleistift und Papier. Bereiten Sie jedes der fünf Objekte in drei verschiedenen Größen vor: klein, mittel und groß. Alle Artikel sollten die gleiche Farbe haben, zum Beispiel weiß. Sie können eine Schere verwenden, um Strohhalme, Buntstifte, Bleistifte und Papier zuzuschneiden. Entfernen Sie alles vom Tisch, um Ablenkungen zu vermeiden.

1. Legen Sie das kleine und das große Lego auf einen sauberen Tisch und benennen Sie die Gegenstände: „großes Lego", „kleines Lego". Überspringe die Artikel und „gib mir". Benennen Sie einfach das Objekt.
2. Bitten Sie Ihr Kind, das große Lego zu nehmen und zu absorbieren (auf dem Tisch rollen, mit den Händen messen, damit spielen), während Sie es benennen.
3. Bitten Sie Ihr Kind, das kleine Lego zu nehmen und zu absorbieren, während Sie es benennen.
4. Dann führe einen Ablenker ein, das mittlere Lego. Bitten Sie Ihr Kind, das kleine Lego auszuwählen. Bitten Sie Ihr Kind, das große Lego auszuwählen.
5. Mischen Sie die drei Legos auf dem Tisch. Bitten Sie Ihr Kind, das kleine Lego auszuwählen. Bitten Sie Ihr Kind, das große Lego auszuwählen.
6. Es ist sinnvoll, Ihr Kind mit einer anderen Aktivität abzulenken. Tanzen, Laufen und jede andere körperliche Aktivität sind gute Unterbrechungen, die die Konzentration des Kindes erhöhen. Wenn Ihr Kind zum Tisch zurückkehrt, vergewissern Sie sich, dass es sich noch alle Wörter für die Größe erinnert.
7. Sobald Ihr Kind eindeutig das große und das

kleine Lego ausgewählt hat, fahren Sie mit dem nächsten Objekt fort.

8. Legen Sie den kleinen und den großen Strohhalm auf einen sauberen Tisch und benennen Sie die Objekte: „großer Strohhalm“, „kleiner Strohhalm“. Überspringe die Artikel und „gib mir“. Benennen Sie einfach das Objekt.
9. Bitten Sie Ihr Kind, den großen Strohhalm zu nehmen und zu absorbieren, während Sie ihn benennen.
10. Bitten Sie Ihr Kind, den kleinen Strohhalm zu nehmen und zu absorbieren, während Sie ihn benennen.
11. Führen Sie dann einen Ablenker ein, den mittleren Strohhalm. Bitten Sie Ihr Kind, den kleinen Strohhalm auszuwählen. Bitten Sie Ihr Kind, den großen Strohhalm auszuwählen.
12. Mischen Sie die drei Strohhalme auf dem Tisch. Bitten Sie Ihr Kind, den kleinen Strohhalm auszuwählen. Bitten Sie Ihr Kind, den großen Strohhalm auszuwählen.
13. Fahren Sie erst fort, wenn Ihr Kind die Größe des Strohhalms eindeutig gewählt hat.
14. Wiederholen Sie dies für große und kleine Bleistifte.
15. Wiederholen Sie dies für große und kleine Buntstifte
16. Wiederholen Sie den Vorgang für große und kleine Papierstücke.

Inzwischen hat Ihr Kind Lego groß und klein, Strohhalm groß und klein, Buntstift groß und klein, Bleistift groß und klein, Papier groß und klein gelernt und wir sind bereit, verschiedene Gegenstände zu mischen.

1. Legen Sie zwei Gegenstände auf den Tisch: das

große Lego und den großen Strohhalm. Bitten Sie Ihr Kind, das „großes Lego“ und den „großer Strohhalm“ auszuwählen.

2. Legen Sie zwei Gegenstände auf den Tisch: das kleine Lego und den kleinen Strohhalm. Bitten Sie Ihr Kind, das „kleines Lego“ und den „kleinen Strohhalm“ auszuwählen.
3. Legen Sie vier Gegenstände auf den Tisch: das große Lego, den großen Strohhalm, das kleine Lego und den kleinen Strohhalm. Bitten Sie Ihr Kind, „großes Lego“, „großen Strohhalm“, „kleines Lego“, „kleinen Strohhalm“ auszuwählen.
4. Mischen Sie die vier Objekte und testen Sie erneut.
5. Legen Sie sechs Objekte auf den Tisch: die großen, mittleren und kleinen Legos, die großen, mittleren und kleinen Strohhalme. Bitten Sie Ihr Kind, „großes Lego“, „großer Strohhalm“, „kleines Lego“, „kleiner Strohhalm“ auszuwählen.
6. Mischen Sie die sechs Objekte und testen Sie erneut.
7. Wenn Ihr Kind eindeutig das richtige Objekt ausgewählt hat, fügen Sie weitere Objekte unterschiedlicher Größe hinzu, bis Sie alle 15 Objekte (5 Objekttypen mit jeweils drei unterschiedlichen Größen) auf dem Tisch haben.
8. Wenn Ihr Kind zu irgendeinem Zeitpunkt Fehler macht, vereinfachen Sie die Aufgabe, indem Sie die Anzahl der Gegenstände auf dem Tisch reduzieren.

Spiel 3. Farbe lernen

In diesem Spiel lernen wir Substantive mit vier Farben zu integrieren: Blau, Rot, Grün und Orange. Wir gehen davon aus, dass Ihr Kind bereits Wörter für Lego, Strohhalme, Buntstifte, Bleistifte und Papier kennt. Wir werden farbige Legos, Strohhalme, Buntstifte, Bleistifte und farbige Papierstücke verwenden.

Entfernen Sie alle Gegenstände vom Tisch, um Ablenkungen zu vermeiden.

1. Legen Sie ein rotes Objekt auf einen sauberen Tisch und benennen Sie das Objekt zum Beispiel „rotes Lego“. Überspringe Artikel und sagen Sie „gib mir“. Benennen Sie einfach das Objekt.
2. Bitten Sie Ihr Kind, das rote Lego zu nehmen und zu absorbieren (berühren, rollen, damit spielen), während Sie es benennen.
3. Führen Sie einen Ablenker ein, ein weißes Lego. Bitten Sie Ihr Kind, das rote Lego auszuwählen.
4. Führen Sie einen zweiten Ablenker ein, ein schwarzes Lego. Jetzt haben Sie drei Legos auf dem Tisch: Rot, Schwarz und Weiß. Mischen Sie die Objekte. Bitten Sie Ihr Kind, das rote Lego auszuwählen.
5. Legen Sie ein blaues Lego auf einen sauberen Tisch und nennen Sie es „blaues Lego“. Bitten Sie Ihr Kind, das blaue Lego zu nehmen und zu absorbieren, während Sie es benennen.
6. Führen Sie einen Ablenker ein, das rote Lego. Bitten Sie Ihr Kind, das blaue Lego auszuwählen.
7. Mischen Sie die beiden Legos auf dem Tisch. Bitten Sie Ihr Kind, das rote Lego auszuwählen. Bitten Sie Ihr Kind, das blaue Lego auszuwählen. Wiederholen Sie dies, bis Ihr Kind eindeutig die richtige Farbe auswählt.
8. Hier empfiehlt es sich, Ihr Kind mit einer anderen

Aktivität abzulenken, damit die Farben im permanenten Langzeitgedächtnis und nicht im temporären Arbeitsgedächtnis gespeichert werden. Tanzen, Laufen und jede andere körperliche Aktivität sind gute Unterbrechungen, die die Konzentration des Kindes erhöhen.

9. Mischen Sie die Objekte. Bitten Sie Ihr Kind, das rote und das blaue Lego erneut auszuwählen.
10. Legen Sie ein grünes Lego auf einen sauberen Tisch und nennen Sie es „grünes Lego". Bitten Sie Ihr Kind, das grüne Lego zu nehmen und zu absorbieren, während Sie es benennen.
11. Führen Sie einen Ablenker ein, das rote Lego. Bitten Sie Ihr Kind, das grüne Lego auszuwählen.
12. Führen Sie den zweiten Ablenker ein, das blaue Lego. Bitten Sie Ihr Kind, das grüne Lego auszuwählen.
13. Mischen Sie die drei Legos auf dem Tisch. Bitten Sie Ihr Kind, das grüne Lego auszuwählen. Bitten Sie Ihr Kind, das blaue Lego auszuwählen. Bitten Sie Ihr Kind, das rote Lego auszuwählen. Wiederholen Sie dies, bis Ihr Kind die Farbe eindeutig auswählt.
14. Legen Sie ein orangefarbenes Lego auf einen sauberen Tisch und nennen Sie es „orangefarbenes Lego". Bitten Sie Ihr Kind, das orangefarbene Lego zu nehmen und aufzunehmen, während Sie es benennen.
15. Führen Sie einen Ablenker ein, das rote Lego. Bitten Sie Ihr Kind, das orangefarbene Lego auszuwählen.
16. Führen Sie einen zweiten Ablenker ein, das blaue Lego. Bitten Sie Ihr Kind, das orangefarbene Lego auszuwählen.
17. Führen Sie einen dritten Ablenker ein, das grüne Lego. Bitten Sie Ihr Kind, das orangefarbene Lego auszuwählen.

18. Mischen Sie die vier Legos auf dem Tisch. Bitten Sie Ihr Kind, das orangefarbene Lego auszuwählen. Bitten Sie Ihr Kind, das blaue Lego auszuwählen. Bitten Sie Ihr Kind, das rote Lego auszuwählen. Bitten Sie Ihr Kind, das grüne Lego auszuwählen. Wiederholen Sie dies, bis Ihr Kind alle Farben unmissverständlich auswählt.
19. Wiederholen Sie dies für alle fünf Objekte: Legos, Strohhalme, Buntstifte, Bleistifte und Papier.

Inzwischen hat Ihr Kind Farben gelernt mit einem Objekt nach dem anderen, und wir sind bereit, verschiedene Objekte zu mischen.

1. Legen Sie zwei Gegenstände auf den Tisch: das blaue Lego und den blauen Bleistift. Bitten Sie Ihr Kind, „blaues Lego“ und „blauer Bleistift“ auszuwählen. Sobald Ihr Kind mit der Auswahl des richtigen Objekts vertraut ist, entfernen Sie alles vom Tisch.
2. Legen Sie zwei Gegenstände auf den Tisch: das rote Lego und den roten Bleistift. Bitten Sie Ihr Kind, „rotes Lego“ und „roter Bleistift“ auszuwählen.
3. Legen Sie vier Gegenstände auf den Tisch: das rote Lego, den roten Bleistift, das blaue Lego und den blauen Bleistift. Bitten Sie Ihr Kind, „rotes Lego“, „roter Bleistift“, „blaues Lego“ und „blauer Bleistift“ auszuwählen.
4. Mischen Sie die vier Objekte und testen Sie erneut.
5. Legen Sie acht Objekte auf den Tisch: die grünen, roten, blauen und orangefarbenen Legos und die grünen, roten, blauen und orangefarbenen Stifte. Bitten Sie Ihr Kind, „rotes Lego“, „roter Bleistift“, „blaues Lego“ und „blauer Bleistift“ auszuwählen.

6. Mischen Sie die acht Objekte und testen Sie erneut.
7. Sobald Ihr Kind Ihre Anweisungen fehlerfrei befolgt hat, fügen Sie ein weiteres Objekt hinzu.
8. Fahren Sie mit dem Hinzufügen von Objekten verschiedener Farben fort, bis Sie alle 20 Objekte (5 Objekttypen mit jeweils vier verschiedenen Farben) auf dem Tisch haben.
9. Wenn Ihr Kind zu irgendeinem Zeitpunkt Fehler macht, vereinfachen Sie die Aufgabe, indem Sie die Anzahl der Gegenstände auf dem Tisch reduzieren.

Spiel 4. Farb- und Größenintegration

In diesem Spiel lernen wir, Substantive mit zwei Modifikatoren zu integrieren: Größe und Farbe. Wir verwenden farbige Legos, Strohhalme, Buntstifte, Bleistifte und Papier in drei verschiedenen Größen: klein, mittelgroß und groß. Entfernen Sie alle Gegenstände vom Tisch, um Ablenkungen zu vermeiden.

1. Beginnen Sie damit, sich Wörter für die Größe zu merken. Legen Sie die kleinen und großen Legos der gleichen Farbe auf einen sauberen Tisch und benennen Sie sie: Bitten Sie Ihr Kind, das „kleine Lego" auszuwählen. Bitten Sie Ihr Kind, das „große Lego" auszuwählen.
2. Erinnern Sie sich an Wörter für Farben. Legen Sie zwei Gegenstände auf den Tisch: das große rote Lego und den großen roten Bleistift. Bitten Sie Ihr Kind, „rotes Lego" und „roter Bleistift" auszuwählen.
3. Legen Sie vier Gegenstände auf den Tisch: das große rote Lego, das kleine rote Lego, das große blaue Lego und das kleine blaue Lego. Bitten Sie Ihr Kind, „kleines rotes Lego", „großes rotes Lego", „kleines blaues Lego", „großes blaues Lego" auszuwählen.
4. Mischen Sie die vier Objekte und testen Sie erneut.
5. Sobald Ihr Kind Ihre Anweisungen fehlerfrei befolgt hat, erhöhen Sie die Anzahl der Gegenstände auf dem Tisch. Legen Sie acht Legos auf den Tisch (4 Farben, jeweils in 2 Größen: groß und klein). Mischen Sie die Legos. Bitten Sie Ihr Kind um „{klein | groß} {rot | blau | grün | orange} Lego."
6. Wiederholen Sie die Schritte 1-5 für Buntstifte.
7. Wiederholen Sie die Schritte 1-5 für farbige

Strohhalme.

8. Wiederholen Sie die Schritte 1-5 für farbige Buntstifte.
9. Wiederholen Sie die Schritte 1-5 für farbiges Papier.
10. Mischen Sie zwei Arten von Objekten auf dem Tisch, zum Beispiel Legos und Bleistifte, klein und groß, rot, blau, grün und orange.
11. Bitten Sie Ihr Kind um „{klein | groß} {rot | blau | grün | orange} {Lego | Bleistift}."
12. Mischen Sie zwei weitere Arten von Gegenständen, zum Beispiel Strohhalme und Buntstifte. Bitten Sie Ihr Kind um „{klein | groß} {rot | blau | grün | orange} {Strohhalm | Buntstift}."
13. Mischen Sie drei Arten von Objekten auf dem Tisch. Bitten Sie Ihr Kind um „{klein | groß} {rot | blau | grün | orange} {Lego | Bleistift | Buntstift}."
14. Mischen Sie vier Arten von Objekten auf dem Tisch. Bitten Sie Ihr Kind um „{klein | groß} {rot | blau | grün | orange} {Lego | Bleistift | Buntstift | Papier}."
15. Mischen Sie alle fünf Arten von Objekten auf dem Tisch. Bitten Sie Ihr Kind um „{klein | groß} {rot | blau | grün | orange} {Lego | Bleistift | Buntstift | Papier | Strohhalm}."

Spiel 5. Nummernintegration

In diesem Spiel lernen wir, Substantive mit Zahlen zu integrieren: eins, zwei und drei. Wir werden Legos, Strohhalme, Buntstifte, Bleistifte und Papierstücke der gleichen Farbe und Größe verwenden. Entfernen Sie alle Gegenstände vom Tisch, um Ablenkungen zu vermeiden.

1. Legen Sie ein Lego auf einen sauberen Tisch und nennen Sie es „ein Lego". Bitten Sie Ihr Kind, das eine Lego zu nehmen und zu absorbieren, während Sie es benennen.
2. Legen Sie zwei identische Legos auf einen sauberen Tisch und benennen Sie sie: „zwei Legos". Bitten Sie Ihr Kind, Ihnen die beiden Legos zu geben, während Sie sie benennen.
3. Bitten Sie Ihr Kind, Ihnen ein oder zwei Legos in zufälliger Reihenfolge zu geben.
4. Sobald Ihr Kind unmissverständlich eins und zwei Legos ausgewählt hat, führen Sie die Zahl drei ein.
5. Legen Sie drei identische Legos auf einen sauberen Tisch und benennen Sie sie: „drei Legos". Bitten Sie Ihr Kind, Ihnen die drei Legos zu geben, während Sie sie benennen.
6. Legen Sie drei identische Legos auf einen sauberen Tisch. Bitten Sie Ihr Kind, Ihnen ein, zwei oder drei Legos in zufälliger Reihenfolge zu geben.
7. Sobald Ihr Kind unmissverständlich ein, zwei oder drei Legos ausgewählt hat, gehen Sie zu einem anderen Objekt über.
8. Wiederholen Sie dies für alle fünf Objekte: Legos, Strohhalme, Buntstifte, Bleistifte und Papier.

Inzwischen hat Ihr Kind gelernt, mit jedem einzelnen Objekt Zahlen zu verwenden, und wir sind bereit, Objekte miteinander zu mischen.

1. Legen Sie sechs Gegenstände auf den Tisch: drei Legos und drei Bleistifte gleicher Größe und Farbe. Bitten Sie Ihr Kind, Ihnen „{ein | zwei | drei} {Legos | Bleistifte}."
2. Sobald Ihr Kind die richtige Anzahl der richtigen Gegenstände aus Legos und Bleistiften ausgewählt hat, fügen Sie drei Buntstifte derselben Größe und Farbe hinzu. Bitten Sie Ihr Kind um „{ein | zwei | drei} {Legos | Bleistifte | Buntstifte}."
3. Wenn Ihr Kind keine Fehler macht, fügen Sie drei Strohhalme derselben Größe und Farbe hinzu. Bitten Sie Ihr Kind um „{ein | zwei | drei} {Legos | Bleistifte | Buntstifte | Strohhalme}."
4. Wenn Ihr Kind keine Fehler macht, fügen Sie drei Blätter Papier derselben Größe und Farbe hinzu. Bitten Sie Ihr Kind um „{ein | zwei | drei} {Legos | Bleistifte | Buntstifte | Strohhalme | Papier}."
5. Wenn Ihr Kind zu irgendeinem Zeitpunkt Fehler macht, vereinfachen Sie die Aufgabe, indem Sie die Anzahl der Gegenstände auf dem Tisch reduzieren.

Spiel 6. Anzahl- und Größenintegration

In diesem Spiel lernen wir, Substantive mit zwei Modifikatoren zu integrieren: Zahl und Größe. Wir werden Legos, Strohhalme, Buntstifte, Bleistifte und Papierstücke in derselben Farbe verwenden. Entfernen Sie alle Gegenstände vom Tisch, um Ablenkungen zu vermeiden.

1. Beginnen Sie damit, sich Wörter für die Größe zu merken. Legen Sie die kleinen und großen Legos der gleichen Farbe auf einen sauberen Tisch und bitten Sie Ihr Kind, das „kleine Lego" auszuwählen. Bitten Sie Ihr Kind, das „große Lego" auszuwählen.
2. Erinnern Sie sich Wörter für Zahlen. Legen Sie drei große Legos der gleichen Farbe auf den Tisch. Bitten Sie Ihr Kind um „{ein | zwei | drei} Legos" in zufälliger Reihenfolge.
3. Legen Sie drei große Legos und drei kleine Legos auf den Tisch. Bitten Sie Ihr Kind um „{ein | zwei | drei} {groß | kleine} Legos" in zufälliger Reihenfolge.
4. Leeren Sie den Tisch und legen Sie drei große Bleistifte und drei kleine Bleistifte darauf. Bitten Sie Ihr Kind um „{ein | zwei | drei} {groß | kleine} Bleistifte" in zufälliger Reihenfolge.
5. Leeren Sie den Tisch und legen Sie drei große Strohhalme und drei kleine Strohhalme darauf. Bitten Sie Ihr Kind um „{ein | zwei | drei} {groß | kleine} Strohhalme" in zufälliger Reihenfolge.
6. Mischen Sie alle fünf Arten von Objekten auf dem Tisch. Bitten Sie Ihr Kind um „{ein | zwei | drei} {klein | groß} {Lego | Bleistifte | Buntstifte | Papier | Strohhalme}.

Spiel 7. Zahlen- und Farbintegration

In diesem Spiel lernen wir, zwei Modifikatoren zu integrieren: Zahl und Farbe. Wir werden Legos, Strohhalme, Buntstifte, Bleistifte und gleichgroße Papierstücke verwenden. Entfernen Sie alle Gegenstände vom Tisch, um Ablenkungen zu vermeiden.

1. Beginnen Sie damit, sich Wörter für Farbe ins Gedächtnis zu rufen. Legen Sie die vier gleichgroßen farbigen Legosteine auf einen sauberen Tisch und bitten Sie Ihr Kind, das „{rot | blau | grün | orange} Lego".
2. Erinnern Sie sich an Wörter für Zahlen. Lege drei Legos gleicher Größe und Farbe auf den Tisch. Bitten Sie Ihr Kind um „{ein | zwei | drei} Legos" in zufälliger Reihenfolge.
3. Legen Sie drei Legos jeder Farbe auf den Tisch (insgesamt 12 Legos). Alle Legos müssen die gleiche Größe haben. Bitten Sie Ihr Kind um „{ein | zwei | drei} {rot | blau | grün | orange} Legos" in zufälliger Reihenfolge.
4. Leeren Sie den Tisch und legen Sie drei Stifte jeder Farbe auf den Tisch (insgesamt 12 Stifte; alle Stifte müssen die gleiche Größe haben). Bitten Sie Ihr Kind um „{ein | zwei | drei} {rot | blau | grün | orange} Bleistifte" in zufälliger Reihenfolge.
5. Leeren Sie den Tisch und legen Sie drei Strohhalme jeder Farbe auf den Tisch (insgesamt 12 Strohhalme; alle Strohhalme müssen die gleiche Größe haben). Bitten Sie Ihr Kind um „{ein | zwei | drei} {rot | blau | grün | orange} Strohhalme" in zufälliger Reihenfolge.
6. Mischen Sie alle fünf Arten von Objekten auf dem Tisch. Bitten Sie Ihr Kind um „{ein | zwei | drei} {rot | blau | grün | orange} {Lego | Bleistifte | Buntstifte | Papier | Strohhalme}."

Spiel 8. Anzahl-, Farb- und Größenintegration

In diesem Spiel lernen wir, Substantive mit drei Modifikatoren zu integrieren: Zahl, Größe und Farbe.
Wir verwenden farbige Legos, Strohhalme, Buntstifte, Bleistifte und Papierstücke in drei verschiedenen Größen: groß, mittel und klein. Sie benötigen drei Objekte jeder Größe und Farbe. Entfernen Sie alle Gegenstände vom Tisch, um Ablenkungen zu vermeiden.

1. Beginnen Sie damit, sich die Wörter für die Größe zu merken. Legen Sie die kleinen und großen Legos der gleichen Farbe auf einen sauberen Tisch und bitten Sie Ihr Kind, das „kleine Lego“ auszuwählen. Bitten Sie Ihr Kind, das „große Lego“ auszuwählen.
2. Erinnern Sie sich an die Wörter für Farbe. Legen Sie die vier gleich großen farbigen Legosteine auf einen sauberen Tisch und bitten Sie Ihr Kind, das „{rot | blau | grün | orange} Lego” auszuwählen.
3. Erinnern Sie sich an die Wörter für Zahlen. Legen Sie drei Legos gleicher Größe und Farbe auf den Tisch. Bitten Sie Ihr Kind um „{ein | zwei | drei} Legos“ in zufälliger Reihenfolge.
4. Legen Sie drei Legos jeder Farbe (insgesamt 12 Legos) auf den Tisch. Alle Legos müssen die gleiche Größe haben. Bitten Sie Ihr Kind um „{ein | zwei | drei} {rot | blau | grün | orange} Legos“ in zufälliger Reihenfolge.
5. Legen Sie drei große Legos und drei kleine Legos auf den Tisch. Bitten Sie Ihr Kind um „{ein | zwei | drei} {große | kleine} Legos“ in zufälliger Reihenfolge.
6. Leeren Sie den Tisch und wiederholen Sie die Schritte 1 bis 5 für Bleistifte.
7. Leeren Sie den Tisch und wiederholen Sie die Schritte 1 bis 5 für Strohhalme.
8. Mischen Sie alle fünf Arten von Objekten auf dem Tisch. Bitten Sie Ihr Kind um „{ein | zwei | drei} {groß | klein}

{rot | blau | grün | orange} {Lego | Bleistifte | Buntstifte | Papier | Strohhalme}."

Spiel 9. Integration eines Substantivs und eines Verbs

Was Sie benötigen werden:

- Tierhandpuppen mit funktionierendem Maul: Giraffe, Löwe, Elefant und Affe https://www.amazon.com/gp/product/B075KRKPQ7

Entfernen Sie alle Gegenstände vom Tisch, um Ablenkungen zu vermeiden.

1. Lernen Sie die Namen von Giraffe, Löwe, Elefant und Affe, wie in Spiel 1 erklärt.
2. Um zu überprüfen, ob sich Ihr Kind alle vier Wörter für Tiere gemerkt hat, legen Sie die vier Tiere auf den Tisch. Nennen Sie jeweils ein Tier und bitten Sie Ihr Kind, es Ihnen zu geben. Mischen Sie die Tiere zwischen den Versuchen auf dem Tisch.
3. Zeigen Sie, wie „der Affe geht“ und lassen Sie Ihr Kind den Affen alleine laufen.
4. Zeigen Sie, wie „der Affe schläft“ und lassen Sie Ihr Kind den Affen selbstständig in eine Schlafposition bringen.
5. Wechseln Sie zufällig zwischen den beiden Anweisungen „der Affe geht“ und „der Affe schläft“.
6. Verstecken Sie den Affen und stellen Sie die Giraffe vor. Wechseln Sie zufällig zwischen den beiden Anweisungen: „die Giraffe geht“ und „die Giraffe schläft“.
7. Verstecken Sie die Giraffe und stellen Sie den Elefanten vor. Wechseln Sie zufällig zwischen den beiden Anweisungen „der Elefant geht“ und „der Elefant schläft“.
8. Verstecken Sie den Elefanten und stellen Sie den Löwen vor. Wechseln Sie zufällig zwischen den beiden Anweisungen „der Löwe geht“ und „der Löwe schläft“.

9. Legen Sie alle vier Tiere auf den Tisch. Wechseln Sie zufällig zwischen den vier Tieren: „{Giraffe | Löwe | Elefant | Affe} {schläft | geht}."
10. Hier ist es ratsam, Ihr Kind mit einer anderen Aktivität abzulenken, um sicherzustellen, dass die Verben im permanenten Langzeitgedächtnis und nicht im temporären Arbeitsgedächtnis gespeichert werden. Tanzen, Laufen und jede andere körperliche Aktivität sind gute Unterbrechungen, die die Konzentration des Kindes erhöhen.
11. Mischen Sie die Tiere auf dem Tisch. Wiederholen Sie die Anweisung „{Giraffe | Löwe | Elefant | Affe} {schläft | geht}."
12. Sobald Ihr Kind die Anweisungen genau befolgt, können wir ein weiteres Verb einführen: „springen". Zeigen Sie wie „der Affe springt" und lassen Sie Ihr Kind den Affen springen.
13. Legen Sie alle vier Tiere auf den Tisch und lassen Sie Ihr Kind ein Tier nach dem anderen springen. Lassen Sie Ihr Kind die Tiere so lange springen, wie es möchte.
14. Wechseln Sie zufällig zwischen den vier Tieren und den drei Verben: „{Giraffe | Löwe | Elefant | Affe} {schläft | geht | springt}."
15. Sobald Ihr Kind keine Fehler mehr macht, können wir ein weiteres Verb einführen: „sitzen". Zeigen Sie, wie „der Affe sitzt" und lassen Sie Ihr Kind den Affen sitzen.
16. Legen Sie alle vier Tiere auf den Tisch und lassen Sie Ihr Kind jeweils ein Tier setzen.
17. Wechseln Sie zufällig zwischen den vier Tieren und den vier Verben: „{Giraffe | Löwe | Elefant | Affe} {schläft | geht | springt | sitzt}."
18. Wenn Ihr Kind keine Fehler mehr macht, können wir ein weiteres Verb einführen: „essen". Zeigen Sie, wie „der Affe frisst" und lassen Sie sich von Ihrem Kind alleine zeigen.
19. Legen Sie alle vier Tiere auf den Tisch und lassen Sie Ihr Kind zeigen, wie jedes Tier isst.

20. Wechseln Sie zufällig zwischen den vier Tieren und den fünf Verben: „{Giraffe | Löwe | Elefant | Affe} {schläft | geht | springt | sitzt | isst}."
21. Sobald Ihr Kind keine Fehler mehr macht, können wir ein weiteres Verb einführen: „laufen". Zeigen Sie, wie „der Affe läuft" und lassen Sie Ihr Kind den Affen alleine laufen.
22. Legen Sie alle vier Tiere auf den Tisch und lassen Sie Ihr Kind nacheinander laufen.
23. Wechseln Sie zufällig zwischen den vier Tieren und den sechs Verben: „{Giraffe | Löwe | Elefant | Affe} {schläft | geht | springt | sitzt | isst | läuft}."

Spiel 10. Lernen Sie die räumliche Präposition „an"

Entfernen Sie alle Gegenstände vom Tisch, um Ablenkungen zu vermeiden.

1. Lernen Sie die Namen von Giraffe, Löwe, Elefant und Affe, wie in Spiel 1 erklärt.
2. Um zu überprüfen, ob sich alle vier Wörter für Tiere gemerkt wurden, legen Sie die Tiere auf den Tisch. Nennen Sie jeweils ein Tier und bitten Sie Ihr Kind, es Ihnen zu geben. Mischen Sie die Tiere zwischen den Versuchen auf dem Tisch. Räume den Tisch ab.
3. Zeigen Sie, wie Sie „den Affen auf den Tisch legen" und lassen Sie Ihr Kind es alleine machen.
4. Zeigen Sie, wie Sie „den Affen auf den Stuhl setzen" und lassen Sie es Ihr Kind alleine machen.
5. Wechseln Sie zufällig zwischen den beiden Anweisungen: „lege den Affen auf den Tisch" und „setze den Affen auf den Stuhl".
6. Verstecken Sie den Affen und stelle die Giraffe vor. Wechseln Sie zufällig zwischen den beiden Anweisungen: „lege die Giraffe auf den Tisch" und „setze die Giraffe auf den Stuhl".
7. Verstecken Sie die Giraffe und stelle den Elefanten vor. Wechseln Sie zufällig zwischen den beiden Anweisungen: „lege den Elefanten auf den Tisch" und „setze den Elefanten auf den Stuhl".
8. Verstecken Sie den Elefanten und stelle den Löwen vor. Wechseln Sie zufällig zwischen den beiden Anweisungen: „lege den Löwen auf den Tisch" und „Setze den Löwen auf den Stuhl".
9. Legen Sie die Giraffe und den Löwen neben den Tisch. Wechseln Sie zufällig zwischen den beiden Tieren: „Setze die {Giraffe | Löwe} *auf* den {Tisch | Stuhl}."
10. Legen Sie die Giraffe, den Löwen und den Elefanten neben den Tisch. Wechseln Sie zufällig zwischen den

drei Tieren: „Setze die {Giraffe | Löwe | Elefant} *auf* den {Tisch | Stuhl}."

11. Legen Sie alle vier Tiere neben den Tisch. Wechseln Sie zufällig zwischen den vier Tieren: „Setze die {Giraffe | Löwe | Elefant | Affe} *auf* den {Tisch | Stuhl}."
12. Hier empfiehlt es sich, Ihr Kind mit einer anderen Aktivität abzulenken, damit das Wort „auf" nicht im temporären Arbeitsgedächtnis, sondern im permanenten Langzeitgedächtnis gespeichert wird. Tanzen, Laufen und jede andere körperliche Aktivität sind gute Unterbrechungen, die die Konzentration des Kindes erhöhen.
13. Mischen Sie die Tiere. Bitten Sie Ihr Kind, „die {Giraffe | Löwe | Elefant | Affe} auf dem {Tisch | Stuhl}" in zufälliger Reihenfolge zu platzieren.
14. Wenn Ihr Kind keine Fehler mehr macht, können wir das Wort unter vorstellen.

Spiel 11. Lernen Sie die räumliche Präposition „unter“

1. Zeigen Sie, wie Sie „den Affen unter den Tisch legen“ und lassen Sie es Ihr Kind alleine machen.
2. Zeigen Sie, wie Sie „den Affen unter den Stuhl legen“ und lassen Sie Ihr Kind es alleine machen.
3. Wechseln Sie zufällig zwischen den beiden Anweisungen: „lege den Affen unter den Tisch“ und „lege den Affen unter den Stuhl“.
4. Verstecken Sie den Affen und stelle die Giraffe vor. Wechseln Sie zufällig zwischen den beiden Anweisungen: „lege die Giraffe unter den Tisch“ und „lege die Giraffe unter den Stuhl“.
5. Verstecken Sie die Giraffe und stellen Sie den Elefanten vor. Wechseln Sie zufällig zwischen den beiden Anweisungen: „lege den Elefanten unter den Tisch“ und „lege den Elefanten unter den Stuhl“.
6. Verstecken Sie den Elefanten und stellen Sie den Löwen vor. Wechseln Sie zufällig zwischen den beiden Anweisungen: „lege den Löwen unter den Tisch“ und „lege den Löwen unter den Stuhl“.
7. Legen Sie die Giraffe und den Löwen auf den Tisch. Wechseln Sie zufällig zwischen den beiden Tieren: „lege die {Giraffe | Löwe} unter den {Tisch | Stuhl}."
8. Legen Sie die Giraffe, den Löwen und den Elefanten auf den Tisch. Wechseln Sie zufällig zwischen den drei Tieren: „Lege die {Giraffe | Löwe | Elefant} unter den {Tisch | Stuhl}."
9. Legen Sie alle vier Tiere auf den Tisch. Wechseln Sie zufällig zwischen den vier Tieren: „Lege die {Giraffe | Löwe | Elefant | Affe} unter den {Tisch | Stuhl}."
10. Hier empfiehlt es sich, Ihr Kind mit einer anderen Aktivität abzulenken, damit das Wort „unter“ nicht im temporären Arbeitsgedächtnis, sondern im permanenten Langzeitgedächtnis gespeichert wird. Tanzen, Laufen und jede andere körperliche Aktivität

sind gute Unterbrechungen, die die Konzentration des Kindes erhöhen.

11. Mischen Sie die Tiere auf dem Tisch. Bitten Sie Ihr Kind, „die {Giraffe | Löwe | Elefant | Affe} in zufälliger Reihenfolge unter den {Tisch | Stuhl}“ zu legen.
12. Erinnern wir uns schließlich an die beiden räumlichen Präpositionen: „unter“ und „auf“. Bitten Sie Ihr Kind, „die {Giraffe | Löwe | Elefant | Affe} in zufälliger Reihenfolge {auf | unter} den {Tisch | Stuhl}“ zu legen.
13. Sobald Ihr Kind keine Fehler mehr macht, können wir mit dem nächsten Spiel fortfahren.

Spiel 12. Verwenden Sie die Präpositionen „auf" und „unter", um Beziehungen zwischen Objekten zu beschreiben

1. Zeigen Sie, wie Sie „den Affen unter den Löwen legen" und lassen Sie Ihr Kind es alleine machen.
2. Zeigen Sie, wie Sie „den Affen auf den Löwen setzen" und lassen Sie Ihr Kind es alleine machen.
3. Wechseln Sie zufällig zwischen den beiden Anweisungen: „lege den Affen unter den Löwen" und „setze den Affen auf den Löwen".
4. Legen Sie alle vier Tiere auf den Tisch. Wechseln Sie zufällig zwischen den beiden räumlichen Präpositionen und den vier Tieren: „setze die | den {Giraffe | Löwe | Elefant | Affe} {auf | unter} die | den {Giraffe | Löwe | Elefant | Affe}."
5. WICHTIG: Geben Sie nun die gleichen Anweisungen mit unterschiedlichen Wörtern. Sie könnten zum Beispiel sagen: „Zeig mir den Löwen unter dem Affen" oder „unter dem Affen geht der Löwe" oder „bewege die Tiere so, dass die | der {Giraffe | Löwe | Elefant | Affe} {auf | unter} der | dem {Giraffe | Löwe | Elefant | Affe} ist." Indem wir die Sätze variieren, stellen wir sicher, dass das Kind seine willkürliche Vorstellungskraft nutzt und nicht einfach die Fragen und Antworten auswendig lernt.

Spiel 13. Lernen Sie die räumliche Präposition „vor"

1. Zeigen Sie, wie Sie „den Affen vor den Löwen stellen" (aus der Sicht des Kindes) und lassen Sie es Ihr Kind alleine machen.
2. Zeigen Sie, wie Sie „den Löwen vor den Affen stellen" und lassen Sie Ihr Kind dies alleine tun.
3. Wechseln Sie zufällig zwischen den beiden Anweisungen: „stelle den Affen vor den Löwen" und „stelle den Löwen vor den Affen".
4. Verstecken Sie den Affen und den Löwen und stellen Sie die Giraffe und den Elefanten vor. Fahren Sie ohne Demonstration fort. Wechseln Sie zufällig zwischen den beiden Anweisungen: „stelle die Giraffe vor den Elefanten" und „stelle den Elefanten vor die Giraffe".
5. Legen Sie alle vier Tiere auf den Tisch. Wechseln Sie zufällig zwischen den vier Tieren: „Setze die {Giraffe | Löwe | Elefant | Affe} vor die | den {Giraffe | Löwe | Elefant | Affe}."
6. Hier bietet es sich an, Ihr Kind mit einer anderen Aktivität abzulenken, um sicherzustellen, dass das Wort „vor" im permanenten Langzeitgedächtnis und nicht im temporären Arbeitsgedächtnis gespeichert wird. Tanzen, Laufen und jede andere körperliche Aktivität sind gute Unterbrechungen, die die Konzentration des Kindes erhöhen.
7. Mischen Sie die Tiere auf dem Tisch. Erinnern Sie sich an alle drei räumlichen Präpositionen, die wir bisher gelernt haben. Bitten Sie Ihr Kind, „die | den {Giraffe | Löwe | Elefant | Affe} {auf | unter | vor} die | den {Giraffe | Löwe | Elefant | Affe}" in zufälliger Reihenfolge zu stellen.

Spiel 14. Lernen Sie die räumliche Präposition „hinter"

1. Zeigen Sie, wie Sie „den Affen hinter den Löwen stellen" (aus der Sicht des Kindes) und lassen Sie es Ihr Kind alleine machen.
2. Zeigen Sie, wie Sie „den Löwen hinter den Affen stellen" und lassen Sie Ihr Kind dies alleine tun.
3. Wechseln Sie zufällig zwischen den beiden Anweisungen: „stelle den Affen hinter den Löwen" und „stelle den Löwen hinter den Affen".
4. Verstecke den Affen und den Löwen und stelle die Giraffe und den Elefanten vor. Fahren Sie ohne Demonstration fort. Wechseln Sie nach dem Zufallsprinzip zwischen den beiden Anweisungen: „stelle die Giraffe hinter den Elefanten" und „stelle den Elefanten hinter die Giraffe".
5. Legen Sie alle vier Tiere auf den Tisch. Wechseln Sie zufällig zwischen den vier Tieren: „Setze die | den {Giraffe | Löwe | Elefant | Affe} hinter die | den {Giraffe | Löwe | Elefant | Affe}."
6. Hier empfiehlt es sich, Ihr Kind mit einer anderen Aktivität abzulenken, damit das Wort „hinter" im permanenten Langzeitgedächtnis und nicht im temporären Arbeitsgedächtnis gespeichert wird. Tanzen, Laufen und jede andere körperliche Aktivität sind gute Unterbrechungen, die die Konzentration des Kindes erhöhen.
7. Mischen Sie die vier Tiere auf dem Tisch. Erinnern Sie sich an alle vier räumlichen Präpositionen, die wir gelernt haben. Bitten Sie Ihr Kind, „die | den {Giraffe | Löwe | Elefant | Affe} {auf | unter | vor | hinter} die | den {Giraffe | Löwe | Elefant | Affe}" in zufälliger Reihenfolge zu stellen.

Spiel 15. Räumliche Präpositionen „unterwegs“

Spielen Sie weiterhin das räumliche Präpositionsspiel in der Küche, auf dem Spielplatz, am Strand und wo auch immer Sie mit Ihrem Kind unterwegs sind.

1. Bitten Sie Ihr Kind in der Küche, „die Tasse {auf | unter | vor | hinter} den Teller zu stellen.“
2. Suchen Sie auf dem Spielplatz einen weißen Holzspan und einen schwarzen Holzspan und bitten Sie Ihr Kind, „den weißen Span {auf | unter | vor | hinter} den schwarzen Span zu legen.“
3. Suchen Sie am Strand einen weißen Kieselstein und einen schwarzen Kieselstein und bitten Sie Ihr Kind, „den weißen Kieselstein {auf | unter | vor | hinter} den schwarzen Kieselstein zu legen.“
4. Wenn Ihr Kind bereit ist, ist es eine gute Idee, dieses Spiel komplexer zu gestalten, indem Sie Farb-, Größen- und Zahlenmodifikatoren hinzufügen. Beispiel: „Legen Sie zwei rote Stifte unter den Tisch“.
5. WICHTIG: Geben Sie nun die gleichen Anweisungen mit unterschiedlichen Wörtern. (Beispiele siehe Spiel 12.) Indem wir die Sätze variieren, stellen wir sicher, dass das Kind willkürliche Vorstellungskraft einsetzt und nicht einfach die Fragen und Antworten auswendig lernt.

Spiel 16. Stapelbecher

Was Sie benötigen werden:

- Ein Set farbiger Becher

1. Zeigen Sie, wie Sie „den blauen Becher in den roten Becher stellen“ und helfen Sie Ihrem Kind gegebenenfalls, die Becher richtig zu stapeln.
2. Wiederholen Sie das Stapeln der blauen und roten Becher in zufälliger Reihenfolge, bis Ihr Kind die Becher selbstständig fehlerfrei stapeln kann.
3. Entfernen Sie die blauen und roten Becher vom Tisch.
4. Stellen Sie den grünen und den orangefarbenen Becher auf den Tisch. Fahren Sie ohne Demonstration fort. Bitten Sie Ihr Kind, den grünen und orangefarbenen Becher in zufälliger Reihenfolge zu stapeln, bis Ihr Kind die Becher selbstständig fehlerfrei stapeln kann.
5. Stellen Sie drei Becher auf den Tisch und weisen Sie Ihr Kind an, „den {blauen | roten | grünen} Becher in den {blauen | rot | grüne} Becher zu stellen“ bis Ihr Kind die Becher selbstständig stapeln kann.
6. Stellen Sie alle vier Becher auf den Tisch und weisen Sie Ihr Kind an, „den {blauen | roten | grünen | orangefarbenen} Becher in den {blauen | roten | grünen | orangefarbenen} Becher zu stellen.“ Mischen Sie die Becher nach jedem Versuch.
7. WICHTIG: Geben Sie nun die gleichen Anweisungen mit unterschiedlichen Wörtern. (Beispiele siehe Spiel 12.) Indem wir die Sätze variieren, stellen wir sicher, dass das Kind willkürliche Vorstellungskraft einsetzt und nicht einfach die Fragen und Antworten auswendig lernt.

Spiel 17. Wer hat wen gefressen?

Vergleichen Sie zwei Sätze: „der Elefant hat die Giraffe gefressen“ und „die Giraffe hat den Elefanten gefressen“. Beachten Sie, wie eine Änderung der Wortreihenfolge die Bedeutung vollständig ändert.“ Um diese Art von Sätzen zu verstehen, muss Ihr Kind mentale Bilder der beiden Objekte (Elefant und Giraffe) vor seinem geistigen Auge kombinieren – die grundlegende Sprachfertigkeit, an der wir die ganze Zeit gearbeitet haben.

1. Zeigen Sie, wie „der Löwe den Affen gefressen hat“, indem Sie die Affenpuppe in die Löwenpuppe schieben.
2. Wiederholen Sie die Anweisungen „der Löwe hat den Affen gefressen“ und „der Affe hat den Löwen gefressen“ in zufälliger Reihenfolge, bis Ihr Kind beide Anweisungen fehlerfrei befolgt.
3. Verstecken Sie den Löwen und den Affen.
4. Legen Sie die Giraffe und den Elefanten auf den Tisch. Fahren Sie ohne Demonstration fort. Bitten Sie Ihr Kind, in zufälliger Reihenfolge „die Giraffe hat den Elefanten gefressen“ und „der Elefant hat die Giraffe gefressen“ zu zeigen, bis Ihr Kind beide Anweisungen selbstständig ohne Fehler befolgt.
5. Legen Sie alle vier Tiere auf den Tisch und bitten Sie Ihr Kind, „den | die {Affen | Löwe | Giraffe | Elefant} fraß den {Affen | Löwen | Giraffe | Elefant}." Mischen Sie die vier Tiere nach jedem Versuch auf dem Tisch.
6. Sie können die komplexere passive Verbform ausprobieren: „Zeig mir: der Löwe wurde von der Giraffe gefressen;“ „Zeig mir: der Affe wurde vom Elefanten gefressen.“ Wenn Ihr Kind jedoch nicht bereit ist für die passive Verbform, fahren Sie mit dem nächsten Spiel fort und kehren Sie später zur passiven Verbform zurück.

Spiel 18. „Reiten“ oder „Tragen“?

Vergleichen Sie zwei Sätze: „der Elefant trägt die Giraffe“ und „der Elefant reitet auf der Giraffe.“ Beachten Sie, wie das Verb die Bedeutung umkehrt. Um diese Art von Sätzen zu verstehen, muss Ihr Kind mentale Bilder der beiden Objekte (Elefant und Giraffe) vor seinem geistigen Auge kombinieren.

1. Demonstrieren Sie, wie „der Löwe den Affen trägt“, indem Sie den Affen auf den Löwen legen und den Löwen mit dem Affen darauf laufen lassen.
2. Demonstrieren Sie, wie „der Löwe auf dem Affen reitet“, indem Sie den Löwen auf den Affen setzen und den Affen mit dem Löwen darauf laufen lassen.
3. Wiederholen Sie die beiden Anweisungen in zufälliger Reihenfolge, bis Ihr Kind selbstständig ohne Fehler folgt.
4. Verstecke Sie den Löwen und den Affen.
5. Legen Sie die Giraffe und den Elefanten auf den Tisch. Fahren Sie ohne Demonstration fort. Bitten Sie Ihr Kind, „der | die {Giraffe | Elefant} {reitet | trägt} den | die {Elefanten | Giraffe}“ in zufälliger Reihenfolge, bis Ihr Kind selbstständig ohne Fehler folgt.
6. Legen Sie alle vier Tiere auf den Tisch und bitten Sie Ihr Kind, „der | die {Affen | Löwe | Giraffe | Elefant} {reitet | trägt} den | die {Affen | Löwen | Giraffe | Elefant}." Mischen Sie die vier Tiere nach jedem Versuch auf dem Tisch.

Spiel 19. Lerne zeitliche Präpositionen

In diesem Spiel lernen wir die Präpositionen „vorher“, „nachher“ und „dann“ zu verwenden, um den Zeitpunkt auszudrücken. Wie in den vorherigen Spielen starten wir mit einer Demonstration.

1. Zeigen Sie Ihrem Kind, was es bedeutet, ihm den Löwen zu geben, und geben Sie ihm *dann* die Giraffe. Fragen Sie: „gib mir den Löwen, dann gib mir die Giraffe.“
2. Ändern Sie die Reihenfolge und wiederholen Sie den Vorgang.
3. Ändern Sie die Reihenfolge der Anfragen nach dem Zufallsprinzip, bis Ihr Kind ohne Fehler selbstständig folgt.
4. Legen Sie die Giraffe und den Löwen weg und wiederholen Sie den Vorgang mit dem Elefanten und dem Affen.
5. Lege alle vier Tiere auf den Tisch und fragen Sie: „Gib mir den | die {Affen | Löwe | Giraffe | Elefant}, dann den | die {Affen | Löwen | Giraffe | Elefant}." Mischen Sie die vier Tiere nach jedem Versuch auf dem Tisch. Wenn das Kind keine Fehler macht, können wir zur nächsten Präposition überzugehen.
6. Wiederholen Sie die Schritte 1-6 mit der Präposition „vorher“.
7. Wiederholen Sie die Schritte 1-6 mit der Präposition „danach“.
8. Wenn das Kind keine Fehler mehr macht, können wir alle drei Präpositionen mit allen vier Tieren in zufälliger Reihenfolge zu verwenden.
9. Stellen Sie nun die Präposition vor den Satz: „Bevor du mir den Löwen gibst, gib mir die Giraffe.“
10. „Nachdem du mir den Löwen gegeben hast, gib mir die Giraffe“
11. Du kannst dieses Spiel auch mit Körperteilen spielen: „Berühre deine Nase, nachdem du dein Ohr berührt

hast.“ „Bevor du deine Schulter berührst, berühre deine Nase.“

Spiel 20. Märchen

1. Lesen Sie ein kurzes Märchen und bitten Sie Ihr Kind, die Geschichte in seinen eigenen Worten zu wiederholen.
2. Einige einfache Märchen sind: „Rotkäppchen“, „Die drei kleinen Schweinchen“, „Goldlöckchen und die drei Bären“.
3. Stellen Sie einfache Fragen zur Handlung, um Ihrem Kind bei Bedarf zu helfen. Sie könnten zum Beispiel fragen: „Wo ging Rotkäppchen hin? Wen hat sie kennengelernt? Was geschah als nächstes?" Lassen Sie die Fragen nach den Motiven und Beziehungen der Figuren bis zum Schluss offen, denn sie könnten für Ihr Kind am schwierigsten zu verstehen sein. Wenn Ihr Kind kein Interesse an der Märchengeschichte hat, versuchen Sie es mit einer einfacheren Geschichte oder lesen Sie aus einem Buch mit vielen Bildern vor, wie der Dr. Seuss-Reihe.

Spiel 21. Wer ist größer?

Dieses Spiel verwendet keine Requisiten. Ihr Kind muss feststellen, welches der beiden Tiere größer ist, indem es sich beide Tiere vorstellt. Stellen Sie solche Fragen:

1. Stelle Dir einen Elefanten und ein Huhn vor. Wer ist größer?
2. Stelle Dir eine Maus und eine Katze vor. Wer ist größer?
3. Stelle Dir einen Löwen und eine Katze vor. Wer ist größer?
4. Stelle Dir ein Huhn und eine Kuh vor. Wer ist größer?

Spiel 22. Addition lernen

Dies ist das erste einer Reihe von Rechenspielen. Ihr Kind beginnt mit dem Erlernen abstrakter Zahlen und macht Fortschritte bei Addition, Subtraktion, Multiplikation und Division. Die Arithmetik ist ein ausgezeichnetes Werkzeug, um die willkürliche Vorstellungskraft zu trainieren. Sie können bereits mit 3 Jahren beginnen.

1. Beginnen Sie damit die Zahlen bis fünf zu lernen, wie in Spiel 5 beschrieben.
2. Erklären Sie die Addition, indem Sie Bleistifte gleicher Farbe und Größe verwenden.
3. Weisen Sie Ihr Kind an, bis zu fünf Bleistifte hinzuzufügen.
4. Ihr Kind kann mit Bleistiften zählen.
5. Lernen Sie Zahlen bis 10 wie in Spiel 5 beschrieben.
6. Fahren Sie mit Additionsübungen mit bis zu zehn Bleistiften fort.
7. Wenn Ihr Kind mit Bleistiften zählen kann, verstecken Sie die Bleistifte und bitten Sie Ihr Kind, in Gedanken zu zählen. Anfangs bis zu fünf, später bis zu zehn.

Spiel 23. Passive Verbform

In diesem Spiel lernen wir aktive und passive Verbformen. Erzählen Sie Ihrem Kind eine kurze Geschichte, gefolgt von einer Frage. Ihr Kind kann Tierpuppen verwenden, um sich die Geschichte zu visualisieren. Beispielsweise:

1. Stelle Dir vor: Der Löwe macht ein Rennen mit dem Affen. Der Affe hat verloren. Wer gewann?
2. Stelle Dir vor: Der Löwe macht ein Rennen mit dem Affen. Der Löwe ging am Affen vorbei. Wer hat verloren?
3. Stelle Dir vor: Der Löwe macht ein Rennen mit dem Affen. Der Löwe wurde vom Affen überholt. Wer gewann?
4. Stelle Dir vor: Der Löwe macht ein Rennen mit dem Affen. Der Löwe kam hinter dem Affen an. Wer gewann?
5. Stelle Dir vor: Der Löwe hat den Affen geduscht. Wer ist nass?
6. Stelle Dir vor: Der Löwe wurde vom Affen geduscht. Wer ist nass?

Spiel 24. Integration von räumlichen Präpositionen mit drei Objekten

Geben Sie Ihrem Kind Anweisungen mit Tierpuppen. Beispielsweise:

1. „Lege den Affen unter den Löwen und auf die Giraffe."
2. „Lege den Löwen auf die Giraffe und unter den Elefanten."
3. „Bewege den Affen so, dass er unter dem Löwen und auf dem Elefanten ist."
4. „Lege den Elefanten auf die Giraffe und unter den Affen."

Spiel 25. Subtraktion lernen

1. Erklären Sie die Subtraktion mit Bleistiften gleicher Farbe und Größe.
2. Weisen Sie Ihr Kind an, Bleistifte abzuziehen, wobei die Zahl fünf nicht überschritten wird.
3. Fragen Sie Ihr Kind: „Wie viele Bleistifte ergeben 5?“
4. Ihr Kind kann Bleistifte bewegen, um zu zählen.
5. Fahren Sie mit den Subtraktionsübungen bis 10 mit Bleistiften fort.
6. Wenn Ihr Kind mit Bleistiften subtrahieren kann, verstecken Sie die Bleistifte und bitten Sie Ihr Kind, in Gedanken zu zählen. Anfangs bis zu fünf, später bis zu zehn.

Spiel 26. Zeitliche Präpositionen mit drei Aufgaben

Geben Sie Ihrem Kind Anweisungen mit Tierpuppen. Beispielsweise:

1. „Gib mir den Löwen, dann gib mir die Giraffe, dann gib mir den Affen."
2. „Gib mir zuerst den Löwen, dann gib mir die Giraffe, zuletzt gib mir den Affen."
3. „Bevor du mir den Löwen gibst, gib mir die Giraffe und den Tiger."
4. „Nachdem du mir den Löwen gegeben hast, gib mir die Giraffe und den Tiger."
5. „Gib mir die Giraffe, nachdem du mir den Löwen und den Tiger gegeben hast."
6. „Gib mir die Giraffe, bevor du mir den Löwen und den Tiger gibst."
7. "Gib mir die Giraffe, nachdem du mir den Löwen gegeben hast, aber bevor du mir den Tiger gibst."
8. "Gib mir die Giraffe, bevor du mir den Tiger gibst, aber nachdem du mir den Löwen gibst."
9. Sie können dieses Spiel auch mit Körperteilen spielen: "Berühren Deine Nase, nachdem Du Dein Ohr berührt hast, aber bevor Du Deine Schulter berührst."

Spiel 27. Passive Verbform mit drei Zeichen

In diesem Spiel bauen wir auf dem Grundgebrauch der aktiven und passiven Verbformen auf, den wir in Spiel 23 gelernt haben. Erzählen Sie Ihrem Kind eine Kurzgeschichte, aber diesmal mit drei statt zwei Tieren. Stellen Sie anschließend eine Frage, um zu sehen, ob Ihr Kind die Bedeutung Ihrer Worte verstanden hat. Ihr Kind kann Tierpuppen verwenden, um sich die Geschichte zu visualisieren. Beispielsweise:

1. Der Löwe ist hinter dem Affen angekommen. Der Affe ist hinter der Giraffe angekommen. Wer hat das Rennen gewonnen?
2. Der Löwe hat den Affen überholt. Der Affe hat die Giraffe überholt. Wer hat das Rennen gewonnen?
3. Der Löwe wurde vom Affen überholt. Der Affe wurde von der Giraffe überholt. Wer gewann?
4. Der Löwe hat den Affen überholt, aber kam hinter der Giraffe an. Wer gewann?
5. Der Löwe kam hinter dem Affen an. Der Affe hat die Giraffe überholt. Wer gewann?
6. Der Affe hat die Giraffe überholt. Der Löwe kam hinter der Giraffe an. Wer gewann?
7. Der Löwe hat den Affen überholt, aber nicht die Giraffe. Wer gewann?
8. Der Löwe kam hinter dem Affen ins Ziel, überholte aber die Giraffe. Wer gewann?
9. Der Löwe überholte den Affen, wurde aber von der Giraffe überholt. Wer gewann?
10. Der Löwe wurde vom Affen geduscht, die Giraffe jedoch nicht. Welches Tier ist nass?
11. Der Löwe hat den Affen und die Giraffe geduscht. Welche Tiere sind nass?
12. Der Löwe duschte den Affen, aber nicht die Giraffe. Welches Tier ist nass?
13. Der Löwe hat den Affen geduscht und wurde von der Giraffe geduscht. Welche Tiere sind nass?

14. Der Löwe wurde vom Affen und der Giraffe geduscht. Welches Tier ist nass?

Spiel 28. Visualisierung

Dieses Spiel baut auf dem Wissen der passiven Verbform auf, um die willkürliche Vorstellungskraft Ihres Kindes auf verschiedene Weise zu trainieren. Wir werden keine Requisiten verwenden. Lassen Sie Ihr Kind die Antwort nur mit seinem geistigen Auge finden.

1. Wenn ein Mädchen von einem Jungen gefüttert wurde, wer ist dann satt?
2. Wenn ein Mädchen von einem Jungen gewaschen wurde, wer ist dann sauber?
3. Wenn ein Mädchen über einen Jungen gestolpert ist, wer fiel dann?
4. Wenn ein Hund von einer Katze gekratzt wurde, welches Tier hat dann Schmerzen?
5. Wenn eine Katze von einem Affen gebissen wurde, welches Tier hat dann Schmerzen?
6. Wenn ein Tiger von einem Löwen gefressen wurde, wer lebt dann noch?
7. Wenn ein Jaguar von einem Leoparden gefressen wurde, wer lebt dann noch?
8. Wenn eine Hyäne von einem Geparden gefressen wurde, wer lebt dann noch?
9. Wenn ein Löwe von einem Jaguar gefressen wurde, wer lebt dann noch?
10. Wenn sich der rote Becher in dem blauen Becher befindet, welcher Becher befindet sich unten?
11. Wenn sich der blaue Becher in dem grünen Becher befindet, welcher Becher ist dann oben?
12. Wenn sich der grüne Becher in dem gelben Becher befindet, welcher Becher steht dann unten?
13. Wenn sich der grüne Becher in dem gelben Becher befindet, welcher Becher ist dann oben?
14. Wenn sich der gelbe Becher in dem roten Becher befindet, welcher Becher befindet sich unten?

15. Wenn der gelbe Becher im roten Becher ist, welcher Becher ist dann oben?
16. Wenn sich der schwarze Becher in dem weißen Becher befindet, welcher Becher ist dann unten?
17. Wenn der schwarze Becher in dem weißen Becher ist, welcher Becher ist dann oben?
18. Wenn ein Junge von einem Hund erschreckt wurde, wer hat dann Angst?
19. Wenn ein Mädchen einem Jungen einen Keks wegnimmt, wer ist dann verärgert?
20. Wenn ein Mädchen von einem Jungen getragen wird, wer geht dann?
21. Wenn ein Junge von einem Hund geweckt wird, wer war dann zuerst wach?

Spiel 29. Denkspiel mit drei Personen

Dieses Spiel erweitert die willkürliche Vorstellungskraft Ihres Kindes, indem es die Geschichte komplexer macht. Wir werden keine Requisiten verwenden. Lassen Sie Ihr Kind die Antwort nur mit seinem geistigen Auge finden.

1. Der Junge ist größer als das Mädchen. Der Affe ist größer als der Junge. Wer ist der Kleinste?
2. Der Junge ist kleiner als das Mädchen. Der Affe ist kleiner als der Junge. Wer ist der Größte?
3. Der Junge ist schneller als das Mädchen. Der Affe ist schneller als der Junge. Wer ist der Langsamste?
4. Der Junge ist langsamer als das Mädchen. Der Affe ist langsamer als der Junge. Wer ist der Schnellste?
5. Der Junge ist schwerer als das Mädchen. Der Affe ist schwerer als der Junge. Wer ist am leichtesten?
6. Der Junge ist leichter als das Mädchen. Der Affe ist leichter als der Junge. Wer ist der Schwerste?
7. Der Junge ist ruhiger als das Mädchen. Der Affe ist ruhiger als der Junge. Wer ist am lautesten?
8. Der Junge ist lauter als das Mädchen. Der Affe ist lauter als der Junge. Wer ist der Leiseste?
9. Der Junge ist stärker als das Mädchen. Der Affe ist stärker als der Junge. Wer ist der Schwächste?
10. Der Junge ist schwächer als das Mädchen. Der Affe ist schwächer als der Junge. Wer ist der Stärkste?
11. Der Junge ist lustiger als das Mädchen. Der Affe ist lustiger als der Junge. Wer ist am langweiligsten?
12. Der Junge ist langweiliger als das Mädchen. Der Affe ist langweiliger als der Junge. Wer ist der Lustigste?
13. Der Junge ist reicher als das Mädchen. Der Affe ist reicher als der Junge. Wer ist der Ärmste?
14. Der Junge ist ärmer als das Mädchen. Der Affe ist ärmer als der Junge. Wer ist der Reichste?
15. Der Junge ist älter als das Mädchen. Der Affe ist älter als der Junge. Wer ist der Jüngste?

16. Der Junge ist jünger als das Mädchen. Der Affe ist jünger als der Junge. Wer ist der Älteste?

Ich empfehle Ihnen diese Spiele mit Ihrem Kind zu spielen, unabhängig davon, ob Sie MITA oder eine andere Lern-App verwenden. Wenn Sie MITA ausprobieren möchten, können Sie die App kostenlos in Ihrem App Store herunterladen. Öffnen Sie auf Ihrem Smartphone oder Tablet den App/Play Store und suchen Sie nach MITA.

Das Spielen dieser Spiele wird Ihnen auch helfen, Ihr Kind kennenzulernen. Der Kommentar, den wir am häufigsten von Eltern hören die MITA verwenden, ist, dass sie nicht wussten wie schlau ihre Kinder waren. Hier ist Rachel:

> *" Diese App hat zwei Dinge für uns getan. Erstens lernt Tim daraus, und zweitens zeigt es mir, wie viel mein nonverbales Kind wirklich versteht, wenn ich ihm beim Spielen zuschaue. Es stellt sich heraus, dass er viel mehr weiß, als ich ihm zugetraut habe."*

Seien Sie geduldig. Die willkürliche Vorstellungskraft ist eine innere geistige Fähigkeit, die sich nicht sofort manifestiert. Es kann mehrere Jahre dauern, bis ein nonverbales oder minimal sprachbegabtes Kind seine willkürliche Vorstellungskraft durch Sprache demonstriert.

Wie kommen wir voran?

Denken Sie daran, dass es wichtig ist, wie Sie die Fortschritte Ihres Kindes messen, da dies die Therapie beeinflusst. Die am häufigsten verwendeten Test verzerren die Ergebnisse zugunsten des Vokabellernens. Außerdem verbergen Sie auch die wahren Fortschritte Ihres Kindes in Bezug auf den Spracherwerb. MITA verwendet zu diesem Zweck ein Tool namens „Mental Synthesis Evaluation Checklist (MSEC)", welches auch Sie verwenden können, indem Sie diese Fragen alle drei Monate beantworten und Ihre Antworten bewerten.

Wählen Sie zur Beantwortung des Fragebogens auf jede Frage eine von drei Antworten aus: „trifft nicht zu", „trifft eher zu" oder „trifft sehr zu". Um Ihre Antworten zu bewerten, addieren Sie einen Punkt für jede „eher zutreffende" Antwort und zwei Punkte für jede „nichtzutreffende" Antwort. MSEC weist schwereren Symptomen höhere Werte zu. Wenn sich Ihr Kind verbessert, sinkt seine Punktzahl.

Jede Fragengruppe verfolgt eine bestimmte geistige Aktivität die Ihr Kind ausüben muss, um komplexe Sprache zu erlernen. Die Fragen 1 bis 7 testen auf sprachliche Elemente. Die Fragen 8 bis 10 testen die Fähigkeit Ihres Kindes, einer Geschichte zu folgen. Die Fragen 11 bis 13 bieten einen Einblick in wichtige nonverbale Aktivitäten die als Vorläufer der Sprache dienen. Die Fragen 14 bis 20 testen mathematische Fähigkeiten, eine fantastische Übung, um jeden Teil des Gehirns zu stärken, der an der willkürlichen Vorstellungskraft beteiligt ist.

Notieren Sie die einzelnen Fragen sowie die MSEC-Gesamtpunktzahl. Mit der Zeit werden Sie wertvolle Einblicke in die innere Entwicklung Ihres Kindes in Bezug auf die Sprache erhalten.

	Checkliste zur Bewertung der mentalen Synthese (MSEC)
1	**Mein Kind:** Versteht einige einfache Modifikatoren (z. B. grüner Apfel vs. roter Apfel oder großer Apfel vs. kleiner Apfel)
2	Versteht mehrere Modifikatoren in einem Satz (z. B. kleiner grüner Apfel)
3	Versteht Größe (kann das größte/kleinste Objekt aus einer Sammlung von Objekten auswählen)
4	Versteht Possessivpronomen (d. h. dein Apfel vs. ihr Apfel)
5	Versteht räumliche Präpositionen (d.h. lege den Apfel AUF die Schachtel vs. IN die Schachtel vs. HINTER die Schachtel)
6	Versteht die Zeitformen der Verben (d. h. ich werde einen Apfel essen vs. ich habe einen Apfel gegessen)
7	Versteht die Bedeutungsänderung, wenn die Reihenfolge der Wörter geändert wird (d. h. versteht den Unterschied zwischen „eine Katze hat eine Maus gefressen" und „eine Maus hat eine Katze gefressen")
8	Versteht einfache Geschichten, die laut vorgelesen werden
9	Versteht aufwendige Märchen, die laut vorgelesen werden (d. h. Geschichten, die FANTASIE-Kreaturen beschreiben)
10	Versteht Erklärungen zu Personen, Gegenständen oder Situationen außerhalb der unmittelbaren Umgebung (z. B. „Mama geht mit dem Hund spazieren", „der Schnee ist zu Wasser geworden")
11	Zeichnet eine VIELZAHL von ERKENNBAREN Bildern (Objekte, Menschen, Tiere usw.)
12	Kann ein UNVERTRAUTES Bild nach Ihrer Beschreibung zeichnen (z. B. ein dreiköpfiges Tier)
13	Beschäftigt sich mit einer Vielzahl von Fantasietätigkeiten (z. B. Haus spielen, mit Spielzeugsoldaten spielen, Festungen und Burgen bauen)
14	Versteht ZAHLEN (d. h. zwei Äpfel vs. drei Äpfel)
15	Kann einfache Arithmetik ausführen: 2 + 3 = ?
16	Kann größere Zahlen addieren: 7 + 6 = ?
17	Kann eine einfache Subtraktion durchführen: 3 – 2 = ?
18	Kann größere Zahlen subtrahieren: 15 – 7 =?
19	Kann eine einfache Multiplikation durchführen: 2 × 2 = ?
20	Kann größere Zahlen multiplizieren: 6 × 7 =?
	MSEC-Gesamtpunktzahl (Zeilen 1 bis 20 addieren)

Vervollständigen Sie die Termine und MSEC-Ergebnisse

_/_/_											
											1
											2
											3
											4
											5
											6
											7
											8
											9
											10
											11
											12
											13
											14
											15
											16
											17
											18
											19
											20
											Tot

Lob und Belohnungen

Mensch zu sein bringt einen unstillbaren Durst nach Lob und Belohnung mit sich. Ihre Personalabteilung und Ihr Yogalehrer wissen das und nutzen diese Tatsache, um Sie zu motivieren. Es ist also nur fair, dass Ihr Kind auch seinen Anteil bekommt.

Wir haben viel Lob und ein bisschen Spaß beim Ausmalen als Belohnung in MITA eingebaut. Es kommt bei den Eltern gut an, ganz zu schweigen von den Kleinkindern.

Ambers Sohn war eines der ersten Kinder, das an unserer Studie teilnahm und MITA nutzte, um an seiner willkürlichen Vorstellungskraft zu arbeiten:

"Bei meinem Sohn Alexander, der im September 3 Jahre alt wurde, wurde kürzlich eine Autismus-Spektrum-Störung diagnostiziert. Er durchlief alle Tests in der Schule mit Diagnostikern und einem Therapeuten, und obwohl ich wusste, dass er ein sehr intelligenter Junge ist, waren seine Ergebnisse sehr niedrig. Nachdem ich die Diagnose erhalten hatte, suchte ich nach Antworten oder nach etwas, das meinem Sohn helfen könnte. Glücklicherweise fand ich das MITA-Programm (Mental Imagery Therapy for Autism).

Eines der schwierigsten Probleme, auf die ich bei der Behandlung meines Sohnes stoße, ist, seine Aufmerksamkeit zu erhalten. Die meisten Programme interessieren ihn nur kurz, dann geht er schnell weiter und weigert sich, das Programm erneut auszuprobieren. Mit MITA bleibt er lange Zeit interessiert. Meistens bin ich diejenige die versucht, ihn dazu zu bringen eine Pause zu machen! Das Programm bietet nicht nur eine Vielzahl von wechselnden Bildern und Rätseln, sondern ändert auch das Format der Rätsel, von der Ausrichtung der Rätsel bis hin zu den Arten der Rätsel, die gelöst werden müssen, was dazu beiträgt, dass es interessant bleibt.

Das sofortige Lob nach dem Lösen eines Rätsels und die große "Spielzeit"-Belohnung sind ebenfalls eine große Hilfe. Er springt von seinem Stuhl auf und freut sich jedes Mal, wenn er ein Rätsel löst, was es zu etwas ganz Besonderem macht."

Alexander ist eine weitere wunderbare Erfolgsgeschichte. Vier Jahre später veröffentlichte Amber diesen Kommentar auf der MITA-Website:

> *„...Alexander ist jetzt in der 1. Klasse. Er ist meistens in einem regulären Klassenzimmer mit sehr wenigen Ausfällzeiten und er hat viele Freunde. Er ist in der Lage zu denken und Probleme zu lösen und hält mit seinen Kollegen mit, besonders in Mathematik, wo er oft der Beste in der Klasse ist...*
>
> *...Er liebt die Belohnungen und das Lob, das ihm zuteil wird wenn er Erfolg hat, auch wenn er älter geworden ist. Weitere Belohnungen wie Malvorlagen, mit denen er viel Spaß hat, sind hinzugekommen.."*

Viele Eltern verwenden Süßigkeiten als Belohnung. Ich habe einmal beobachtet, wie meine gute Freundin Irene ihrem autistischen Sohn Charlie jedes Mal ein kleines Stück Schokolade gab, wenn er eine Übung absolvierte. Auf die Frage, wie sie Charlie motiviert seine Arbeit zu machen, sagte sie: „Er weiß, dass er es tun muss. Er kann andere Leute täuschen, aber ich lasse ihn nicht davonkommen, und er weiß es." Eine sehr wahre Aussage, wenn man Irene so kennt wie ich. Aber auch sie schreckt nicht davor zurück, hier und da auf Bestechung zurückzugreifen.

Apropos Lob, niemand verdient mehr Lob für den Erfolg Ihres Kindes als Sie, die Eltern. Sie überraschen mich immer wieder mit Ihrem Einfallsreichtum, Ihrer Freundlichkeit, Ihrer Geduld, Ihrem Einfallsreichtum und Ihrer Entschlossenheit. Sie können

Ihr Kind am besten belohnen und motivieren. Bitte machen Sie weiter so. Unnötig zu erwähnen, dass das Ergebnis es wert ist.

Kapitel 3
Halten Sie Ihr Kind vom Bildschirm fern

Die Begrenzung der Bildschirmzeit ist zu einem langweiligen Klischee geworden, wie das Achten auf Ihr Gewicht. Alle reden davon, und doch wird es von Jahr zu Jahr schlimmer. Ich mache es ganz einfach: Beschränken Sie die Bildschirmzeit Ihres Kindes nicht, beseitigen Sie sie völlig. Mit Ausnahme von nicht süchtig machenden Lernwerkzeugen, sollte ein Kind das gegen Autismus kämpft, niemals einen Blick auf einen Bildschirm werfen.

Kein Fernseher. Kein Netflix. Kein YouTube. Kein Disney. Keine Cartoons. Kein kleiner Einstein. Keine Sesamstraße. Wenn Ihr Kind diese Programme selbst finden kann, löschen Sie sie vom Gerät. Verwenden Sie ein spezielles Gerät und installieren dort nur die Lern-App. Dadurch wird verhindert, dass Ihr Kind zu YouTube oder anderen internetbasierten Diensten migriert.

So sperren Sie das Gerät Ihres Kindes in der Lern-App: Starten Sie auf einem iPhone oder iPad die Einstellungen und tippen Sie im Abschnitt Lernen auf Allgemein > Eingabehilfen > geführter Zugriff. Schalten Sie den geführten Zugriff ein. Tippen Sie auf Sperrcode festlegen und wählen Sie einen Sperrcode, den nur Sie kennen. Schalten Sie die Tastenkombination für die Bedienungshilfen auf „Aus". Sobald der geführte Zugriff aktiviert ist und Ihr Kind versucht die App zu verlassen, wird eine Bannernachricht angezeigt in der es aufgefordert wird, zum Beenden dreimal auf die Home-Taste zu klicken. Wenn er den Sperrcode nicht kennt, kann er den geführten Zugriff nicht beenden. Starten Sie auf einem Android-Smartphone oder Tablet Einstellungen -> Suche -> "Anheften". Schalten Sie "Anheften von Bildschirmen" ("Windows anheften") ein. Schalten Sie "Sperrcode zum Aufheben der Anheftung verwenden" ein. Legen Sie einen Sperrcode fest. Um das Anheften zu starten, öffnen Sie die App, tippen Sie auf die Schaltfläche Übersicht (quadratisch), tippen

Sie auf das App-Symbol am oberen Bildschirmrand -> Diese App anheften. Auf älteren Geräten tippen Sie auf die Schaltfläche "Anheften" in der unteren rechten Ecke.

Warten Sie! Wie wäre es mit „alles in Maßen"? Sind diese drakonischen Maßnahmen wirklich notwendig?

Denken Sie daran, es ist nicht drakonisch, wenn Ihr Kind nicht weiß, was es verpasst. Wir sind uns alle einig, dass es unendlich einfacher ist, eine schlechte Angewohnheit zu vermeiden, als eine abzugewöhnen, nachdem sie sich etabliert hat. Viele junge autistische Kinder verlieben sich auf den ersten Blick in das Anschauen von Videos. Es ist erstaunlich, wie schnell es zu einem Problem werden kann, von dem man sich wünscht, dass man es nicht hätte. Im Gegensatz dazu habe ich noch keine Eltern getroffen, die es bedauern, zu lange gebraucht zu haben ihr Kind in die Magie der passiven Unterhaltung einzuführen.

Ich empfehle Ihnen nachdrücklich mit der gemeinsamen Nutzung Ihrer Lieblings-Kindersendungen für Ihr Kind zu warten, bis es in seine Altersgruppe hinein wächst. Hier ist der Grund.

Das Anschauen von Filmen untergräbt die Therapie

Keines der beliebten Kinderprogramme, nicht einmal die pädagogischen Programme wie die Sesamstraße, entwickeln eine willkürliche Vorstellungskraft. Alle Entwicklungsaktivitäten über die wir im vorigen Kapitel gesprochen haben, erfordern, dass das Kind seinen Geist darauf konzentriert, neue mentale Bilder zu erschaffen. Das Anschauen eines Videos blockiert diese Bemühungen und ersetzt ihn durch vorgefertigte Bilder.

Was noch schlimmer ist, das Anschauen von Videos wird bei manchen Kindern zu einer süchtig machenden Gewohnheit. Sie gewöhnen sich an die sofortige Befriedigung künstlicher Bilder und weigern sich, die mentale Arbeit zu leisten, die zur Entwicklung willkürlicher Vorstellungskraft erforderlich ist.

Die kritische Phase für den Spracherwerb dauert ungefähr zwischen dem zweiten und fünften Lebensjahr. Das sind nur drei Jahre oder etwa 1000 Tage, und bei manchen Kindern kann es kürzer sein. Während dieser Zeit baut das Gehirn jede Sekunde des Tages Nervenbahnen auf. Die sprachlichen Bahnen konkurrieren um molekulare Bausteine mit den Pfaden, die zum nonverbalen Leben führen. Frühe Anzeichen von Autismus sind ein Beweis dafür, dass die nonverbalen Bahnen „gewonnen" haben, und die Therapie ist ein Versuch, diesen Prozess umzukehren. Kann eine Stunde Bildschirmzeit pro Tag einen Unterschied machen? Es kann und tut es. Es macht keinen Sinn, der anderen Seite eine Pause zu gönnen, wenn wir bereits im Rückstand sind.

Um den Einfluss des Fernsehens und des Anschauens von Videos auf die willkürliche Vorstellungskraft zu messen, haben wir über einen Zeitraum von drei Jahren 3.227 Kinder im Alter zwischen zwei und fünf Jahren beobachtet. Bei ansonsten gleichen Bedingungen verbesserten die Kinder, die 40 Minuten am Tag oder weniger Videos sahen, ihre MSEC-Werte im Durchschnitt um zusätzliche 40 Prozent, verglichen mit den Kindern, die 2 Stunden am Tag oder mehr schauten.

Lohnt es sich für 40 Prozent zu kämpfen? Wenn Sie sich daran erinnern, dass jeder MSEC-Punkt einen entscheidenden Meilenstein auf dem Weg Ihres Kindes zur Sprache darstellt, liegt die Antwort auf der Hand. Wenn wir uns noch einen oder zwei Punkte sparen können, indem wir die letzte halbe Stunde der täglichen Bildschirmzeit streichen, ist das das beste Schnäppchen, das wir in unserem Leben machen werden.

Was ist mit den Vorteilen des Fernsehens?

Bemerkenswerterweise hat unsere Studie keine gefunden. Neben der Messung des Sprachverständnisses und der willkürlichen Vorstellungskraft durch MSEC verfolgte unsere Studie die Ergebnisse der Autismus-Behandlungsbewertungs-Checkliste (ATEC). ATEC misst den Fortschritt Ihres Kindes in vier Bereichen: (1) Sprechen/Sprache/Kommunikation, (2) Geselligkeit, (3) Sensorisches/kognitives Bewusstsein und (4) Körper/Gesundheit/Verhalten. (Der vollständige ATEC-Fragebogen ist kostenlos unter www.autism.org erhältlich). Alle Kinder in unserer Studie verbesserten sich in allen Bereichen, aber die Gruppe mit hoher Bildschirmzeit übertraf statistisch gesehen in keiner Weise die Gruppe mit niedriger Bildschirmzeit.

Wenn ich mit Eltern über die Bildschirmzeit spreche, weisen sie oft auf das Erwerben von neuem Vokabular als beste Verteidigung hin. Das geht ungefähr so: „Mein Kind ist schon hinter seiner Altersklasse. Wo findet er in seinem täglichen Leben alles, was in seinen Lieblingssendungen passiert?"

Merken Sie sich den Gedanken! Aus Kapitel 2 wissen wir, dass die willkürliche Vorstellungskraft Vorrang vor dem Lernen neuer Wörter haben muss. Eine Pause vom Film bedeutet jedoch nicht, dass Sie Ihrem Kind eine tolle Geschichte vorenthalten müssen. Lesen Sie ihm vor. Hören Sie gemeinsam ein Hörbuch. Werfen Sie ein paar Fragen und Antworten ein, und sein Gehirn bekommt zusätzlich zu seiner täglichen Dosis Vokabeln ein volles Training.

Schließlich schlage ich vor, dass Ihr Kind mehr aus einem interaktiven und herausfordernden Lernspiel herausholen wird als aus jeder passiven Bildschirmzeit. Ein typisches Beispiel ist der vierjährige Rocco, der mit seinem Vater mehrmals täglich MITA spielt.

> *"Ein Spiel in MITA handelt von einem vollen und einem leeren Glas. Ich weiß genau, dass ihm diese Worte noch niemand beigebracht hat. Ich habe mit ihm bei diesem Spiel auf der Grundstufe begonnen und ihn bis zum höchsten Schwierigkeitsgrad gebracht. Heute habe ich Saft serviert. Ich goss den letzten Tropfen ein und er sagte: ‚Es ist leer'. Ein anderes Spiel ist das Zuordnen von Autos. Das ist sein Lieblingsspiel. Manchmal, wenn wir die Straße entlang gehen, zeigt er auf ein Auto und sagt: ‚das gleiche Auto'. Er sieht, dass das Auto meinem ähnlich ist."*

Wenn Ihnen die Idee von Lern-Apps gefällt, wählen Sie diejenigen aus, die das Denken Ihres Kindes herausfordern. Je mehr Aufwand erforderlich ist um jeden Schritt abzuschließen, desto weniger süchtig macht die App. Sobald den Kindern die „kognitive Energie" ausgeht, verlieren sie das Interesse am Spiel. Dies ist eines der Designprinzipien, die wir anwenden, um MITA „nicht süchtig" zu machen. Eine andere besteht darin, die sensorische Stimulation auf ein Minimum zu beschränken, um sowohl Ablenkungen zu reduzieren als auch das Suchtrisiko zu beseitigen.

Um Ihre App optimal zu nutzen, stellen Sie sicher, dass Ihr Kind die Antworten nicht errät. Ermutigen Sie es, die Rätsel in seinem Kopf zu lösen und erst dann die Knöpfe zu drücken. Versuch-und-Irrtum vereitelt den Zweck des Spiels, Ihr Kind dazu zu bringen, die Lösung vor seinem geistigen Auge zu erarbeiten.

Achten Sie auf die physische Umgebung in der Ihr Kind Lernspiele spielt. Wählen Sie einen ruhigen Ort mit wenigen visuellen Ablenkungen. Dies wird dazu beitragen, seine Aufmerksamkeit auf das Spiel zu lenken und den Lernprozess zu beschleunigen.

Bindung ist therapeutisch

Autistische Kinder haben oft keine Schwierigkeiten sich selbst zu beschäftigen. Die Herausforderung besteht darin, sie dazu zu bringen, die Gesellschaft anderer wahrzunehmen, Kontakte zu knüpfen und dies zu genießen. Dies ist ein weiterer Grund, einsame Unterhaltung wie das Fernsehen nicht auf die leichte Schulter zu nehmen und sich auf Aktivitäten mit mehr Potenzial für gemeinsames Spielen zu konzentrieren.

Der zehnjährige Josh hat zu seinen Schulkollegen aufgeholt und interessiert sich sehr für Astronomie. Sein Vater Alex glaubt, dass Josh auf einem guten Weg ist, ein unabhängiger Erwachsener zu werden. Der größte Erfolgsfaktor ist laut Alex die emotionale Bindung, die er zu seinem Sohn aufgebaut hat seit Josh drei Jahre alt war.

> *"Er liebte Lego. Acht Stunden am Tag konnte er damit verbringen, ein Feuerwehrauto oder eine Rakete zu bauen. Es war leicht, ihn in Ruhe zu lassen. Wenn Sie nicht versuchten Zeit mit ihm zu verbringen, hat er nicht danach gefragt. Der Versuch, eine Verbindung herzustellen, war als würde man einen Tunnel graben: Man bewegt sich langsam und tastet sich hindurch. Aber am Ende war er nicht anders als andere Kinder. Er genoss es, ein lebendiges Wesen an seiner Seite zu spüren, jemanden, der sich für ihn interessierte.*
>
> *Als er sich öffnete, spielten wir zusammen Spiele. Eines war Schatzsuche. Ich versteckte ein Lego-Stück und hinterließ Notizen die ihm sagten, wo er es finden konnte. Die erste Nachricht sagte ihm wo die nächste Nachricht ist und so weiter. Ein anderes Spiel bestand darin, seine Lieblingsfiguren zu zeichnen und sie aus Papier auszuschneiden. Er war immer besessen von Jack und der Bohnenstange. Wir machten Papierpuppen und Rollenspiele. Er war Jack und ich war der böse Riese. Es*

> *wurde zu einem Wendepunkt in der Beziehung: Wenn man Rollenspiele spielt, versteckt man sich nicht."*

Bindung kann der Schlüssel sein der den Wunsch Ihres Kindes freisetzt, andere Menschen zu imitieren und sich ihnen anzuschließen. Nach der Theorie der sozialen Motivation des Autismus ist dieser Wunsch entscheidend für den Spracherwerb. Ohne ihn verläuft die Gehirnentwicklung anders und es kommt zur Verzögerung der Sprachentwicklung.

Normalerweise geschieht die Bindung auf natürliche Weise, wenn sich das Kind an die Eltern klammert. In Ihrem Fall können die Rollen vertauscht sein und es liegt an Ihnen, das Eis zu brechen. Eine Studie aus dem Jahr 2013 ergab, dass autistische Kinder im Vergleich zu Gleichaltrigen weniger Verbindungen zwischen den Sprachverarbeitungs- und Belohnungsschaltkreisen im Gehirn haben.. Der Grad der Unterkonnektivität in der Studie war proportional zur Schwere der Symptome. Mit anderen Worten, das Gehirn Ihres Kindes ist möglicherweise nicht in der Lage, sich emotional mit Ihrer Stimme oder Ihrer Anwesenheit zu verbinden. Aber wenn Sie das ändern würden, würden sich wahrscheinlich auch seine Symptome verbessern.

Können Sie Ihrem Kind helfen die Trennung zu überbrücken und eine sichere Bindung aufzubauen? Genau das hat Alex mit Josh gemacht, und ich ermutige Sie, dasselbe zu tun. Wie Sie dabei vorgehen, hängt von Ihnen und Ihrem Kind ab.

Beachten Sie, wie der Aufbau einer Bindung es Alex ermöglichte, Josh vom Anschauen seiner Lieblingscartoons zu herausfordernden interaktiven Spielen mit seinem Vater zu führen. So hat es funktioniert:

> *" Ich fragte mich, warum er eine Nahaufnahme eines Charakters auf dem Bildschirm anstarrte, aber den Augenkontakt mit echten Menschen vermied. Warum*

sollte er uns lieber ausschalten und die Cartoons einschalten? Zu dieser Zeit war er auch von der Titanic besessen. Stundenlang saß er da und malte ein Bild von einem sinkenden Schiff nach dem anderen. Wir mussten die Buntstifte wegnehmen, damit er ins Bett ging. Die Therapeutin sagte, es sei nicht gut - eine künstliche Welt. Wir sollten ihn vom Fernseher wegnehmen und ihn davon ablenken, zu viel zu zeichnen. Ich dachte, was wäre, wenn ich anstatt „seine Welt" zu zerstören, mich selbst um ihn kümmern würde?

Zuerst blieb ich nur im selben Zimmer. Er wollte nicht, dass ich ihn beobachte, also nahm ich ein Buch und tat so als würde ich lesen. Er sah, dass ich nicht darauf aus war seinen Spaß zu ruinieren, und entspannte sich. Ein paar Tage später ließ er mich mit ihm auf der Couch sitzen. Ich saß einen Meter entfernt und irgendwann kam er ein wenig näher, immer noch mit dem Rücken zu mir. Am nächsten Tag etwas näher. Eines Tages lehnte er sich an mich. Da wusste ich, dass er gerne mit jemandem zusammen war. Danach haben wir angefangen zu spielen. Er ließ mich bei den Legos helfen oder auf dem gleichen Blatt Papier zeichnen. Von da an gingen wir zu allen Arten von Spielen über.

Es dauerte Wochen, vielleicht Monate, um seine Berührungsängste zu überwinden. Erst duldet er dich, dann mag er dich. Er empfindet Freude daran, nicht einsam zu sein. Dann nimmt er dich in seine Welt auf. Dann will er kommunizieren. Wenn er etwas sagen will, wird er einen Weg finden. "

Seien Sie geduldig und folgen Sie dem Beispiel Ihres Kindes. Wenn Sie eine öffnende Geste machen, z. B. indem Sie Ihrem Kind beim Spielen zuzusehen, geben Sie ihm die Möglichkeit Sie anzunehmen oder abzulehnen. Lassen Sie ihn die Grenzen setzen und die Kontrolle darüber haben, wann und wie die

Bindung stattfindet. Warten Sie auf seine Reaktion und genießen Sie die subtile Intimität, während Sie und Ihr Kind einander kennenlernen.

Nichts bringt uns so schnell zusammen wie ein Lachen. Jedes Mal, wenn Sie Ihr Kind zum Kichern bringen können, ist es ein Gewinn. Alex' Lieblingstrick ist, vergesslich zu spielen.

> *" Zur Abwechslung kümmert er sich gerne um andere. Ich tue so, als hätte ich vergessen wie man ein Hemd anzieht, und er zeigt mir, wie es geht. Nachts würde ich sagen: ‚Komm, wir bürsten uns die Hände.' Er lacht und korrigiert mich. Es gibt ihm ein gutes Gefühl und hilft ihm, sozial zu reifen."*

Während Alex Bindungsrituale um die Hobbys und Obsessionen seines Sohnes aufbaute, bemerkte Ricardo, dass sein Sohn gerne im Haus half und die Hausarbeit nutzte, um mit seinem Kind zu interagieren.

> *" Er bittet darum, nach dem Essen den Boden zu fegen, den Hund zu füttern, das Geschirr in die Spülmaschine zu stellen. Er faltet die Kleider zusammen und legt sie in seine Schublade. Wenn er etwas will, sage ich ihm, wo er es bekommt. Er kann rudimentären Anweisungen folgen. Es funktioniert. Heute habe ich das Niveau des Spiels zu diesen Themen in MITA erhöht."*

Die Bindung beginnt damit, dass sich Ihr Kind in Ihrer Gegenwart sicher und entspannt fühlt. Wenn er bereit ist, begleiten Sie ihn bei seinen Lieblingsbeschäftigungen. Es könnte eine kreative Aktivität wie Malen, Spielen oder Singen sein. Es kann körperliche Bewegung sein – Laufen, Springen, Tanzen oder sogar Hausarbeit. Es könnte Essen sein. Es könnte alles sein was er mag. Lassen Sie ihn herausfinden, ob es ihm zusammen besser gefällt.

Praktische Elternschaft gewinnt das Rennen

Die Idee ist, jeden Aspekt des Lebens Ihres Kindes individuell anzupassen, um seine ganz besonderen Bedürfnisse zu erfüllen. Aus diesem Grund verlangt auch eine Lern-App wie MITA ständige Unterstützung von Ihnen.

Ricardo spielt computergestützte Lernspiele mit seinem Sohn:

> *"Ich benutze das Spiel nie als Babysitter. Ich achte darauf, dass ich immer da bin. Wenn mein Sohn stecken bleibt, schalte ich das Spiel stumm und erkläre die Frage selbst."*

Ricardo hat viele Spiele ausprobiert bevor er die gefunden hat, die ihm gefielen. Er ist immer auf der Suche nach einem tollen Spiel und hat selbst einige programmiert. Als Ricardo MITA fand, war es in seiner brasilianischen Muttersprache nicht verfügbar. Er rief uns an und bot an die Übersetzung zu machen. So kam MITA nach Brasilien.

In den frühen Tagen der Suche nach einer Spiele-App erfuhr Ricardo, dass er das Spiel genau beobachten musste, um sicherzustellen, dass es wie beschrieben funktioniert.

> *" Wir waren in der Töpfchen-Trainingsphase. Ich habe Spiele benutzt, um ihn dazu zu bringen, auf dem Töpfchen zu bleiben. Ich habe bei Google Play ein Spiel in portugiesischer Sprache gefunden, aber ich habe festgestellt, dass etwas nicht stimmt. Er drückte die Knöpfe, bevor er die Fragen hörte. Es stellte sich heraus, dass die Fragen nicht in zufälliger Reihenfolge waren. Ich wollte es selbst reparieren, aber es war kein Open-Source-Code verfügbar. Ich war wütend. Ich habe meine gesamte Forschung in Molekularbiologie abgebrochen und bin auf Spiele umgestiegen. Ich habe den Fokus meiner Forschung geändert, weil ich die Macht von Spielen gesehen habe."*

Nicht bereit, eigene Spiele zu schreiben? Kein Problem. Suchen Sie nach Möglichkeiten, die bereits auf dem Markt befindlichen Spiele an die Bedürfnisse Ihres Kindes anzupassen. Das ist Ambers Schlüssel zum Erfolg mit MITA:

> *"Ich habe im Laufe der Jahre gelernt, wie ich das Programm für meine Kinder optimieren kann, und ich denke, das Programm ist eine tolle Option für Betreuer! Man kann alles auswählen, von dem Programm an dem man arbeiten möchte, bis zu der Anzahl der Rätsel, die man sehen möchte, und zusätzlich kann man auch den Schwierigkeitsgrad selbst einstellen. Das hilft Ihnen als Betreuer, die Fähigkeiten an denen Sie arbeiten, gezielt zu fördern, und das ist von unschätzbarem Wert."*

Wie Sie sehen, haben diese Eltern sehr unterschiedliche Mittel eingesetzt, um ihren Kindern zum Erfolg zu verhelfen. Wenn sie sich in einer Sache einig sind, dann vielleicht in dieser: überlassen Sie Ihr Kind nicht sich selbst. Lassen Sie ihr Kind sich nicht in seiner Welt verstecken. Nehmen Sie sich Zeit für die Kontaktaufnahme und bauen Sie eine unterstützende Beziehung zu Ihrem Kind auf. Überlassen Sie ihr Kind nicht einem Video oder gar einer Lern-App. Arbeiten und spielen Sie mit Ihrem Kind. Begleiten ihr Kind bei seinen Lieblingsspielen und bringe ihm neue bei. Sein Gehirn hat viel zu überwinden, aber mit Ihrer Geduld, Ihrem Fleiß und Ihrer gestalterischen Note ist nichts außer Reichweite.

Kapitel 4
Definieren Sie nur wenige Regeln

Während wir unsere Kinder in der Welt der Dinge schulen, erhalten wir immer wieder den gleichen Rat: fangen Sie früh an. Von gesunder Ernährung bis hin zum Wert des Geldes muss alles quasi im Mutterleib gelernt werden. Diesen Erwartungen gerecht zu werden, ist nicht nur für Kinder schwierig, sondern auch für die Eltern, aber was ist die Alternative?

Denken Sie nur an das Eine

Das Erlernen unserer Erstsprache ist anders als jede andere Lebenskompetenz. Wir haben nicht nur eine harte zeitliche Frist, denn mit nur fünf Lebensjahren rückt diese Frist auch schnell näher. Dies macht die Dinge einfach, wenn auch ein wenig intensiv. Wenn Sie die Wahl haben, entscheiden Sie sich dafür, an der Sprache zu arbeiten und Ihre geistigen, körperlichen und emotionalen Ressourcen zu schonen, sowohl Ihre als auch die Ihres Kindes.

Das bedeutet, dass man vorerst alles nicht Wesentliche in der Kindererziehung loslassen muss. In den vorangegangenen Kapiteln haben wir einige Beispiele dafür gesehen, was Vokabeltraining und das Anschauen toller Kindersendungen bewirkt. Beides ist sinnvoll, aber nicht unbedingt für die Beherrschung komplexer Sprache Ihres Kindes erforderlich.

Gleiches gilt für Tischmanieren, Kleiderordnungen und gesellschaftliche Umgangsformen. Die genaue Grenze wird von Familie zu Familie unterschiedlich sein, und Sie werden Ihre eigenen Grenzen definieren. Aber die Idee ist, die meisten Regeln zu lockern und an den wenigen festzuhalten, die Ihr Kind sicher und auf dem richtigen Weg zum Spracherwerb halten.

In diesem Kapitel werden wir den Tagesablauf Ihres Kindes kritisch hinterfragen. Ist es möglich, einige Erwartungen zu erniedrigen und Druck abzubauen? Oder können wir alternativ etwas Struktur hineinbringen, um langfristig Zeit und Mühe zu sparen?

Essenszeiten

So sehr wir uns bemühen uns zu entspannen und unsere Kinder mit gesunden Mahlzeiten zu ernähren, das Gegenteil ist oft der Fall. Die Mahlzeiten können zu Drama, Angst, Stress und sogar körperlichen Schmerzen führen. Sollte Letzteres bei Ihnen der Fall sein, sollten Sie Ihren Kinderarzt nach der Ursache der Beschwerden die mit dem Essen einhergehen forschen lassen. Was Sie auf jeden Fall versuchen können ist, eine beruhigende Routine vor den Mahlzeiten einzurichten.

Konzentrieren Sie sich nicht auf die negativen Verhaltensweisen Ihres Kindes bei Tisch, führen Sie stattdessen unterhaltsame Gespräche über das Essen. Mit dem Essen zu spielen ist nicht unbedingt etwas Schlechtes für Ihr Kind. Erlauben Sie ihm, das Essen zu erforschen und spielerisch etwas über seine eigenen Sinne kennenzulernen.

Bettzeit

Ein gesunder Schlaf ist die Grundlage für unsere Gesundheit unser Lernen und unser Wachstum. Während des Tiefschlafs konsolidiert unser Gehirn neue Informationen im Langzeitgedächtnis. Noch wichtiger ist, dass der Tiefschlaf zelluläre Abfälle aus dem Gehirn durch die Rückenmarksflüssigkeit ausspült. Eine Anhäufung von Abfallstoffen und Toxinen im Gehirn wird mit einer Reihe von neurodegenerativen Erkrankungen in Verbindung gebracht und ist das Letzte, was ein wachsendes Gehirn in dieser kritischen Phase braucht.

Wegen der geistigen, emotionalen und physiologischen Belastung durch den Kampf gegen Autismus, ist Schlaf für Ihr Kind besonders wichtig. Leider sind Schlafprobleme im Spektrum weit verbreitet. Laut einer Studie aus dem Jahr 2019 leiden fast 80 Prozent der autistischen Kinder im Alter zwischen 2 und 5 Jahren unter Schlafstörungen.

Jede Verbesserung der Schlafqualität hat weitreichende Konsequenzen für die nahe und ferne Zukunft Ihres Kindes. Ich bin von ganzem Herzen dafür, dass Sie die im Folgenden aufgeführten einfachen aber wirksamen Maßnahmen mit dem ganzen Gewicht Ihrer elterlichen Autorität unterstützen. Sie sind auch eine ausgezeichnete Erinnerung für uns Erwachsene, gesunde Schlafgewohnheiten zu praktizieren.

Körperliche Anstrengung am Tag ist die beste Garantie für einen guten Schlaf. Geben Sie Ihrem Kind viel Zeit für ausgiebige Bewegung drinnen und draußen. Ermutigen Sie es, jeden Tag, jeden Tag zur gleichen Zeit zu Bett zu gehen und aufzuwachen, sowohl unter der Woche als auch am Wochenende. Schaffen Sie eine entspannende abendliche Routine mindestens 30 Minuten vor dem Zubettgehen. Waschen, Zähne putzen und ein Buch lesen können dazu gehören. Vermeiden Sie Bildschirmarbeit in der letzten Stunde vor dem Zubettgehen. Halten Sie das Schlafzimmer Ihres Kindes kühl und dunkel. Wenn Ihr Kind Mittagsschlaf hält, sollten Sie diesen früh am Tag einplanen, damit es seine regelmäßigen Schlafenszeiten einhalten kann.

Wenn die üblichen Vorsichtsmaßnahmen nicht ausreichen, sollten Sie die nächsten harmlosen und gut erforschten Optionen in Betracht ziehen um Ihrem Kind beim Ein- und Durchschlafen zu helfen:

- Weißes Rauschen. Viele autistische Kinder bevorzugen ein leises, gleichmäßiges Hintergrundgeräusch gegenüber völliger Stille.

Verwenden Sie einen Ventilator oder eine Geräuschmaschine, um diesen Effekt zu erzeugen.

- Schwere Decke. Wie eine warme Umarmung kann das Gefühl von sanftem Druck einer schweren Decke Ihr Kind beruhigen und trösten. Verwenden Sie bei kaltem Wetter eine traditionelle Wolldecke oder eine atmungsaktivere Version mit eingenähten Glasperlen.
- Melatonin. Einige der Autismus verursachenden genetischen Mutationen, stören auch die Produktion von Melatonin, einem Hormon, das unseren Schlafzyklus reguliert. Melatonin ist in Form von Nahrungsergänzungsmitteln erhältlich und ein gängiges Schlafmittel für Kinder und Erwachsene. Eine niedrigste Dosis sollte für Ihr Kind ausreichen. Bei sehr kleinen Kindern zerbrechen Sie die Tablette in kleinere Teile. Es gibt keine Nebenwirkungen von Melatonin, wenn es in kleinen Dosen eingenommen wird. WICHTIG: Melatonin hilft beim Einschlafen und seine Wirkung lässt schnell nach. Es sollte nicht länger als 10 Minuten vor dem Schlafengehen verabreicht werden.
- Ashwagandha-Wurzelextrakt. Dieses pflanzliche Nahrungsergänzungsmittel hat eine lange Geschichte der medizinischen Verwendung. Neuere Studien unterstützen die Einnahme von Ashwagandha zur Verbesserung der Gehirnfunktion, zur Behandlung von Schlaflosigkeit und zur Linderung von Angstzuständen und Stress. Melatonin und Ashwagandha können zusammen 10 Minuten vor dem Schlafengehen eingenommen werden.

Draußen spielen

Körperliche Aktivität ist für jeden Aspekt des Lebens Ihres Kindes unerlässlich, vom Schlaf über die Stimmung bis hin zum

Wohlbefinden und Lernen. Körperlich aktive Kinder verbessern sich in allen Gehirnfunktionen, einschließlich Sprache und Kognition.

Vergessen Sie bei der Planung des Tages Ihres Kindes nicht eine gesunde Portion frische Luft und natürliches Sonnenlicht. Eine taiwanesische randomisierte Kontrollstudie aus dem Jahr 2018 ergab, dass der Aufenthalt von mindestens 11 Stunden pro Woche bei Tageslicht das Risiko von Kurzsichtigkeit bei jungen Schulkindern um 54 Prozent verringerte. Auch wenn eine Sehschwäche in Ihrer Familie vorkommt, ist es wesentlich unwahrscheinlicher, dass Ihr Kind in nächster Zeit eine Brille benötigt.

Natürliches Sonnenlicht ist auch eine wichtige Quelle für Vitamin D. Studien verbinden höhere Werte dieses Vitamins mit einer Verbesserung der ASS-Symptome, einschließlich Reizbarkeit, Hyperaktivität, sozialer Rückzug, sich wiederholende Handbewegungen, unangemessene Sprache, eingeschränkte Interessen und andere stereotype Verhaltensweisen. Vitamin D trägt dazu bei, das kognitive Bewusstsein, das soziale Bewusstsein und die soziale Wahrnehmung zu verbessern. Sonnenlicht löst auch die Ausschüttung von Endorphinen aus, die Ihr Kind glücklicher machen!

Das meiste Vitamin D in unserem Körper wird in der Haut synthetisiert, wenn sie dem Sonnenlicht ausgesetzt ist. Mindestens 10 Minuten pro Tag in der Sonne mit ungeschützter Haut, helfen Ihrem Kind einen Vitamin-D-Mangel zu vermeiden. Gehen Sie in den Wintermonaten November bis März gegen Mittag nach draußen, wenn die Sonne am höchsten steht. Im Sommer sollten Sie vor 10 Uhr und nach 16 Uhr keinen Sonnenschutz verwenden. Während dieser Stunden ist die Sonne zu schwach, um die Haut zu schädigen, aber stark genug, um die Vitamin-D-Produktion zu fördern. Ihr Kind kann Vitamin D auch in Form von Nahrungsergänzungsmitteln zusätzlich einnehmen.

Gehen Sie mit Ihrem Kind täglich für mehrere Stunden auf den Spielplatz. Spielplätze sind nicht nur Fitnessstudios im Freien, sondern bieten auch die Möglichkeit Spielkameraden zu finden und neue Freundschaften zu schließen. Die Interaktion mit anderen Kindern fördert die Sprache und das Selbstwertgefühl Ihres Kindes.

Denken Sie daran, dass soziale Kontakte für Ihr Kind eine neue Fähigkeit sind. Es braucht vielleicht Ihre direkten Anweisungen. Erwarten Sie lehrreiche Momente und überlegen Sie, ob Sie mit Ihrem Kind im Voraus richtiges Verhalten üben sollten. Belohnen Sie positives Verhalten Ihres Kindes und konzentrieren Sie sich auf die Dinge, die Sie von ihm erwarten, anstatt auf diejenigen, die Sie nicht möchten.

Tagesablauf

Unser Ziel ist es, täglich Fortschritte in Richtung Sprache zu machen und dabei die Abläufe für Sie und Ihr Kind so einfach wie möglich zu halten. Wie funktioniert das? Für viele Familien besteht die Lösung darin, jeden Tag einem festgelegten Zeitplan zu folgen.

Wenn Sie noch keinen detaillierten Zeitplan haben, sollten Sie es vielleicht einmal damit versuchen. Legen Sie tägliche Aktivitäten wie Spielplatz, Essens- und Snackzeiten in 15-Minuten-Schritten fest. Planen Sie Lernspiele ein, idealerweise 2-3-mal am Tag, sowie Spielzeit, um Ihr Kind für seine Arbeit zu belohnen. Manche Eltern nutzen Lern-Apps als Belohnung für Spiele und Übungen. Das funktioniert natürlich nur, wenn Ihr Kind seine Lern-App liebt. Die beste Zeit für Sprachspiele ist der Morgen, aber es ist natürlich jederzeit möglich, das Gelernte zu üben. Nutzen Sie jede Gelegenheit während des

Tages, Ihrem Kind eine Frage zu stellen oder ihm eine Aufgabe zu geben.

Machen Sie einen Ausdruck des Stundenplans und hängen Sie ihn gut sichtbar auf. Er wird nicht nur Ihnen helfen Ihren Tag zu organisieren, sondern dient auch als Kommunikationsmittel. Wenn Ihr Kind nach etwas fragt was es nicht sofort bekommen kann, zeigen Sie ihm den Stundenplan. Ein Zettel an der Kühlschranktür ist ein überzeugendes Argument dafür, warum er jetzt ein Nickerchen machen und später etwas essen sollte. Es hat unzähligen Eltern unsäglichen Kummer erspart, indem es ein quengeliges Kleinkind beruhigt hat, wissend, dass es die Leckerei bald bekommen wird und das Leben wie geplant weitergeht.

Tempowechsel

Einen Zeitplan einzuhalten bedeutet, auf Kommando von einer Aktivität zur nächsten zu wechseln, und das kann für jedes Kind schwierig sein. Um den Übergang zu erleichtern, geben Sie Ihrem Kind rechtzeitig einen Hinweis bevor Sie Orte verlassen oder Aktivitäten wechseln. Das gibt ihm das Gefühl mehr Kontrolle zu haben und hilft Wutanfälle oder anderes schlechtes Verhalten zu verhindern. Verwenden Sie „Erst ..., dann ..." um Ihr Kind auf eine Aufgabe vorzubereiten und zu belohnen. Zum Beispiel: „Zuerst kleiden wir uns an, dann spielen wir im Park."

Zwischen Tennis, Taekwondo und Schwimmunterricht hat Josh einen vollen Terminkalender. Wenn es darum geht, seinen Sohn auf seine Aktivitäten vorzubereiten, setzt Alex' auf zeitlich abgestimmte Hinweise.

> *" Er hängt an Ritualen. Sie sind Brücken über das Chaos. Manchmal zerstören Erwachsene dummerweise Rituale um das Kind dazu zu bewegen, sich anders zu verhalten. Rituale sind gut. Sie ermöglichen es ihm sich sicher zu*

fühlen. Anstatt sie zu bekämpfen, müssen wir sie auf die ganze Welt ausdehnen. Wenn Josh mit dem Spielen aufhören und irgendwohin gehen muss, haben wir dafür ein Ritual. Zuerst gebe ich einen 15-Minuten-Hinweis, dann einen 10-Minuten-Hinweis. Dann sage ich: ‚Wir gehen in 5 Minuten.' Schließlich ist es ein 1-Minuten-Hinweis, und dann ist er fertig. Es ist wie ein Spiel, und er weiß, was ihn erwartet."

Wutanfälle

Manchmal kommt es trotz unserer besten Bemühungen zu einem Wutanfall. Alle Kinder erleben von Zeit zu Zeit Wutanfälle. Bleiben Sie ruhig und versuchen Sie zu verstehen worum es geht. Oft ist es ein einfaches Problem wie eine verschmutzte Windel oder Bauchschmerzen.

Wenn Ihr Kind einen Wutanfall bekommt, nur um seinen Willen durchzusetzen, geben Sie niemals nach und versuchen Sie nicht es zu beruhigen. Sie wollen sein unerwünschtes Verhalten auf keinen Fall verstärken. Ignorieren funktioniert normalerweise am besten.

Ricardo und seine Frau brauchten einige Versuche, um Rocco davon abzubringen, wegen seiner Lieblingsleckereien Wutanfälle zu bekommen.

> *"Es war ein echter Albtraum in ein Restaurant zu gehen. Ein Kellner kommt mit einem Teller Pommes Frites vorbei, und die Hölle bricht los. Ein Therapeut entwickelte einen Plan für uns. Wir haben zu Hause Pommes Frites zubereitet, und er musste warten bis es Zeit zum Essen war. Er hat geweint und sich in die Hose gemacht, aber schließlich hat es funktioniert. Jetzt können wir wieder auswärts essen gehen."*

Alex glaubt daran, den schmalen Grat zwischen Entmutigung, Wutanfällen und der Entfremdung seines Sohnes mit ihm gemeinsam zu gehen:

> *" Der übliche Rat bei Wutanfällen ist nicht nachzugeben. Es ist richtig, aber es muss keine Religion sein. Wenn Josh schreit kann ich sehen, dass er sich wie ein böser Junge fühlt. Es ist wichtig, auf seiner Seite zu sein, auch wenn er im Moment nicht das bekommen kann, was er möchte. Normalerweise machen Eltern ein strenges Gesicht. Sie können ihn aber keiner Gefühlskälte aussetzen. Sie müssen unter allen Umständen für ihn da sein. Als er noch klein war, war es gut ihn in den Arm zu nehmen. Er verstand, dass wir ihm nicht geben konnten was er wollte, aber wir liebten ihn trotzdem."*

Wenn Ihr Kind sich selbst oder anderen schaden kann

Wenn Ihr Kind während eines Nervenzusammenbruchs anfängt zu schlagen, zu treten, zu beißen oder mit Gegenständen zu werfen, stoppen Sie es sofort und entfernen Sie es vom Ort des Geschehens. Machen Sie ihm klar, dass es nicht akzeptabel ist andere zu verletzen. Wenn nötig, nehmen Sie ihm ein Privileg weg oder geben Sie ihm in eine Auszeit.

Wenn Ihr Kind versucht, sich selbst zu verletzen, reagieren Sie nicht emotional. Tun Sie was notwendig ist um es zu schützen: halten Sie es zurück, nehmen Sie ihm den gefährlichen Gegenstand weg oder hindern Sie es auf irgendeine andere Weise, sich etwas anzutun.

Als Ricardo merkte, dass sein Sohn während eines Wutanfalls seine Grenzen austestete, wandte er die Strategie an die er „Pokerface“ nennt."

> *"Er schlug seinen Kopf an eine Waschmaschine und schaute, ob ich darauf reagieren würde. Zu diesem*

Zeitpunkt war ich schon gut in ABA ausgebildet und ignorierte ihn. Er hat das nie wieder gemacht. Hätte ich kein Pokerface aufgesetzt, wäre es zur Routine geworden. Der beste Weg ihn aufzuhalten, ist zu zeigen, dass es mich nicht interessiert. Ich halte seine Hände fest, damit er es nicht wieder tun kann. Wenn er sich beißt, setze ich mein Pokerface auf und ignoriere ihn."

Auszeiten und sichere Bereiche

Auszeiten sind eine bewährte Strategie im Umgang mit „außer Kontrolle" geratenen Kleinkindern. Der Trick besteht darin diese sparsam einzusetzen um sie vielleicht für wirklich schädliches Verhalten aufzusparen. Je öfter Sie Auszeiten verwenden, desto weniger effektiv werden sie.

Ziehen Sie einen sicheren Ort als frühe Alternative zu einer Auszeit in Betracht. Ein geschützter Raum ist keine Strafe, sondern ein Ort den Ihr Kind genießt und den er sich selbst wählen kann. Sie können gemeinsam mit Ihrem Kind einen sicheren Raum schaffen, in den es sich zurückziehen kann, wenn es sich ängstlich oder überfordert fühlt. Wählen Sie einen Ort, der Ihrem Kind gefällt und an dem es sich entspannen und neuformieren kann.
Alex fand heraus, dass er und sein Sohn in einem sicheren Raum zusammenkommen konnten.

> *"Er versteckt sich gerne unter der Decke. Es ist dunkel dort, aber etwas Licht kommt durch. Er lässt seinen Vater mit unter die Decke kommen. Wir sitzen Rücken an Rücken. Er möchte sich gerne beschützt fühlen und nicht ganz alleine sein. Manchmal lässt er sogar mehr als eine Person herein."*

Eine der Vorschulen die Josh besuchte, nutzte ein Zelt mit Sternen als sicheren Ort und Auszeit. Die Kinder hatten keine

Angst vor der Auszeit und es hat geholfen, die Wutanfälle zu stoppen und sie zu beruhigen.
Wann Sie ein Machtwort sprechen sollten. In den meisten Familien werden die Regeln für die persönliche Hygiene und den Tagesablauf festgelegt. Bei der Festlegung der Regeln sind Versuche und Irrtümer mit einzuplanen. Und manche Regeln werden sich mit der Zeit ändern.

Hier zieht Ricardo die Grenze:

> *"Vor den Mahlzeiten Hände waschen. Nach dem Urinieren Hände waschen. Zieh deine Unterwäsche an, du kannst nicht nackt herumlaufen. Auf T-Shirts haben wir verzichtet. Zähneputzen vor dem Schlafengehen. Das war jeden Tag ein echter Albtraum, aber wir gaben nicht auf. Vor einem Jahr begannen wir mit seiner Therapeutin ein schrittweises Programm einzuführen. Jetzt ist es relativ einfach."*

Alex besteht darauf, dass sein Sohn jede Nacht zur gleichen Zeit zu Bett geht. Auch die Morgenroutine war kein Picknick, aber Alex fand eine kreative Lösung. Er schrieb eine Geschichte über eine Familie, die sich jeden Morgen streitet, wenn es Zeit war zu duschen, Zähne zu putzen und zur Arbeit zu gehen. Und es lag an einem kleinen Jungen namens Josh, seinen widerspenstigen Eltern und älteren Geschwistern ein gutes Beispiel zu geben. In der Geschichte trägt Josh nicht nur seinen eigenen Teil, sondern überzeugt auch seine Familie die Regeln zu befolgen. Josh lachte sehr, als Alex ihm die Geschichte vorlas. Und die morgendlichen Wutanfälle verschwanden allmählich.

Liebe Eltern, ich überlasse Ihnen eine weitere Regel, um das Kapitel zu schließen – und das Buch. Achten Sie auf sich selbst.

In den Worten von Ricardo,

"Ich empfehle den Eltern die mit der Diagnose Autismus konfrontiert sind dringend, Ihre eigenen Bedürfnisse zu berücksichtigen. Es ist ein Marathon, kein Sprint. Wenn Sie sich voll und ganz auf Ihr Kind konzentrieren laufen Sie Gefahr, sich frühzeitig zu verausgaben. Das wäre ein Fehler. Sie müssen auf sich aufpassen. Vielleicht etwas Geld für die Familientherapie sparen, so wie wir es getan haben. Es geht um die ganze Familie, nicht nur um ein Kind. Wenn Sie noch andere Kinder haben, was ist mit denen? Werden die sich irgendwann um das Kind zu kümmern? Überstürzen Sie den Prozess nicht. Nehmen Sie sich die Zeit, die Sie brauchen, um sicherzustellen, dass es Ihnen gut geht."

Danksagung

Ich bin dem Team von ImagiRation das die Anwendung Mental Imagery for Autism (MITA) ermöglicht hat zu Dank verpflichtet: Rita Dunn, Alexander Faisman, Jonah Elgart, Liza Lokshin und Yulia Dumov. Ich danke Edward Khokhlovich für die Entwicklung des Frameworks für die MITA-Datenanalyse und seine stets fröhliche Unterstützung. Ich danke Dr. Irene Pirjatinsky für die geduldige Erklärung unzähliger psychologischer Untersuchungen. Wir konnten keine einfache und zugängliche Bewertung des Sprachverständnisses finden und mussten unsere eigenen MSEC- und LEPS-Bewertungen entwickeln und validieren. Dafür bin ich Dr. Julia Braverman verpflichtet. Zur Erklärung der Präfrontalsynthese-Hypothese und der MITA-Therapie für die Öffentlichkeit, haben wir viele wissenschaftliche Manuskripte veröffentlicht. Ich muss Dr. Petr Ilyinskii für zahlreiche Diskussionen und die Bearbeitung dieser Manuskripte danken. Besonderer Dank geht an Dr. Igor Rozenwald für die Einführung in das Autismus-Feld; Dr. Natalya Markuzon für Anleitungen zur Datenanalyse; Dr. Stephen M Edelson für die Freigabe der anonymisierten ATEC-Datenbank des Autism Research Institute, welche es uns ermöglichte, unser Datenanalyse-Framework zu testen. Ich möchte vielen Studenten und Mitarbeitern danken, die ihre Zeit und ihren Enthusiasmus in unsere Forschung investiert haben, insbesondere Katarina Radi, Simone Ostrovsky, Lauren deTorres, Shreyas Mahapatra, Samantha Martinez, Benjamin Kannel, Megan Catherine DuBois, Victoria Maslova und Emma Mugford . Ich danke auch Dr. Yuriy Gankin, Michael Tselman, Efim Furman und Serge Kornfeld für ihre Unterstützung, als wir sie wirklich brauchten. Ohne Olga Cannistraro wäre dieses Buch nicht möglich. Nicht zuletzt danke ich meiner Frau Olga Vyshedskaya für ihre unerschütterliche Unterstützung des MITA-Projekts.

Eltern und Therapeuten loben die Methodik von „Mental Imagery for Autism“ (MITA)

12/28/2015:

Bei meinem Sohn Alexander, der im September 3 Jahre alt wurde, wurde vor kurzem eine Autismus-Spektrum-Störung diagnostiziert. Er durchlief alle Tests; in der Schule, bei Diagnostikern und Therapeuten, und obwohl ich wusste, dass er ein sehr intelligenter Junge war, waren seine Noten sehr schlecht. Als ich die Diagnose bekam, suchte ich nach Antworten oder irgendetwas, das meinem Sohn helfen könnte. Glücklicherweise habe ich das Programm Mental Imagery Therapy for Autism (MITA) gefunden.

Eines der schwierigsten Probleme auf das ich beim Ausprobieren von Behandlungen für meinen Sohn stoße besteht darin, seine Aufmerksamkeit aufrecht zu erhalten. Die meisten Programme benutzt er nur für einen Moment und geht dann schnell weiter und weigert sich, das Programm erneut zu versuchen. Mit MITA bleibt er lange Zeit interessiert. Meistens bin ich derjenige der versucht ihn dazu zu bringen, eine Pause zu machen! Sie bieten nicht nur eine Vielzahl von wechselnden Bildern und Rätseln an, sondern ändern auch das Format der Rätsel, von der Ausrichtung der Rätsel bis hin zu den Arten von Rätseln die gelöst werden müssen, was dazu beiträgt, dass es interessant bleibt. Auch das sofortige Lob nach dem Lösen eines Rätsels sowie die große „Spielzeit“-Belohnung sind eine große Hilfe. Er springt von seinem Stuhl auf und freut sich jedes mal wenn er ein Rätsel löst, was es zu etwas ganz Besonderem macht.

Das Schöne an diesem Programm ist auch die Veränderung in ihm sehen zu können. Es ist erstaunlich zu sehen, wie er über die Rätsel nachdenkt und sie löst, wozu er vor einigen Monaten nicht in der Lage war. Puzzles und andere kognitive Aktivitäten waren für ihn ein sehr weites und anspruchsvolles Feld, aber innerhalb der ersten Woche konnte ich definitiv einen großen Unterschied in ihm und seiner Fähigkeit zur Problemlösung und -verarbeitung feststellen.

Ich habe schon vor der Diagnose viele Ansätze für meinen Sohn ausprobiert – ohne Erfolg. Aber ich habe keinen Zweifel daran, dass eine der tiefgreifendsten Veränderungen eintrat nachdem er das MITA-Programm begonnen hatte, und ich bin so dankbar, dass ich die App gefunden habe. Die MITA App ermöglicht meinem Sohn einen Neubeginn beziehungsweise eine Chance dafür und hierfür kann ich ImagiRation Inc. nicht genug danken.

— Amber Bonasse, USA

Vier Jahre später 12/6/2019:

Ich fand das Mental Imagery Therapy for Autism (MITA)-Programm für meinen 7-jährigen Sohn, kurz nach seiner Diagnose der Autismus-Spektrum-Störung, die er mit 3 Jahren bekam. Wir haben dieses Programm in den letzten Jahren weiterverwandt; er nennt es das Puzzlespiel und ich kann definitiv einen Unterschied erkennen. Wenn Sie MITA verwenden, können Sie sehen, wie sich Ihr Kind mit den Puzzles beschäftigt. Ich habe viele verschiedene Programme für ihn ausprobiert, habe aber noch kein anderes Programm gefunden, das sein Interesse so weckt und ihn auf die gleiche Weise einbindet. Er liebt immer noch die Belohnungen und das Lob, wenn er erfolgreich ist, auch wenn er älter geworden ist. Weitere Belohnungen mit denen er viel Spaß hat wie die Malvorlagen sind hinzugekommen. im Laufe der Jahre habe ich mehr darüber gelernt, wie ich das Programm für meine Kinder optimieren kann, was meiner Meinung nach, eine großartige Option für Betreuer ist! Man kann alles aus dem Programm auswählen, von der Anzahl der Rätsel bis hin zum Schwierigkeitsgrad den man selbst einstellen kann. Dies hilft Ihnen als Betreuer, die Fähigkeiten, an denen Sie arbeiten gezielt einzusetzen und das ist von unschätzbarem Wert.

Alexander geht jetzt in die erste Klasse. Er ist größtenteils in einem Klassenzimmer in einer Regelschule mit sehr wenigen Ausreißern und er hat viele Freunde gefunden. Er ist in der Lage zu denken und Probleme zu lösen und hält mit seinen Mitschülern mit, besonders in Mathematik, wo er oft der Beste in der Klasse ist. Ich weiß, dass MITA für ihn der Unterschied ausgemacht hat. Ich bin so dankbar, dass ich das Programm gefunden habe und über MITA mit ihm zusammengearbeitet habe und dies auch weiterhin tun werde. Nochmals vielen Dank für alles, was Sie für unsere Kinder getan haben.

— Amber Bonasse, USA

Ich bin ewig dankbar für die MITA-App. Ich möchte dem Team hinter dieser App einen großen Dank und meine Anerkennung aussprechen. Die App hat meinem Sohn sehr geholfen. Ich empfehle allen Eltern und Lehrern, diese App zu verwenden. Die Puzzles mögen willkürlich erscheinen oder so als würden sie nichts bewirken, aber ich schwöre Ihnen, es ist so, als ob es das Gehirn meines Sohnes entsperrt damit er seine Umgebung besser verstehen kann. Es hat seine kognitiven Fähigkeiten auf so vielen Ebenen verbessert. Bitte MITA-Entwickler, machen Sie weiter so. Sie haben einer Hausfrau in Südafrika die sich eine Therapie für die besonderen Bedürfnisse meines Kindes nicht leisten kann Hoffnung gegeben. Ich wünsche euch allen noch viel Erfolg bei euren Bemühungen.

— Bint Omar

Absolut sensationell. Meiner Meinung nach, ein perfekt aufeinander abgestimmtes Spiel (obwohl bekannt ist, dass jeder Autist anders ist). Mindestens 3 Monate, um die ATEC-Einflüsse zu sehen, und nebenbei den Fortschritt in jedem Spiel und auch Änderungen in anderen Aspekten von Autismus. Außerdem kostenlos. Großer Applaus für die Autoren.

— Jan Kowalski

Mein Enkel ist letztes Jahr 3 Jahre alt geworden und hat einige

Meilensteine nicht erreicht. Die Ärzte sagten uns, dass es sich wahrscheinlich um Autismus handelt - wir nahmen das schon an. Letztes Jahr wurde die Diagnose bestätigt und wir haben viele Aktivitäten eingeleitet, um Ihm zu helfen, einschließlich Ihrer Apps. Ich kann definitiv sagen, dass sie ihm geholfen haben sich zu konzentrieren und er hat das Gefühl, etwas erreicht zu haben, wenn er die Puzzles löst.

— Doreen Mann

Ich bin Logopädin und verwende die [MITA] App gerne als Belohnung für meine Schüler mit Autismus in letzten Phase der Therapie. Sie lieben es. ... Meine eigenen Kinder spielen es auch gerne ...

— Allison Humber

Ich möchte meine Unterstützung für die ImagiRation-Anwendung MITA zum Ausdruck bringen, die entwickelt wurde, die visuellen und sprachlichen Fähigkeiten von Kleinkindern sowie Kindern mit Autismus-Spektrum-Störungen zu verbessern. Ich hatte die Gelegenheit, diese Anwendung in Verbindung mit der Sprachtherapie bei Vorschulkindern einzusetzen, bei denen mittlere bis schwere Sprachverzögerungen diagnostiziert wurden. Die Anwendung diente sowohl als Therapie als auch als Belohnung und wurde von den Schülern gut angenommen. Nach einem Jahr konnte ich nicht nur Verbesserungen in der durchschnittlichen Länge der Äußerungen der Nutzer feststellen, sondern auch in der Feinmotorik. Die Anwendung ist unterhaltsam, intuitiv, zugänglich für Pädagogen, Therapeuten und Eltern und basiert auf umfangreichen und gut dokumentierten Forschungsergebnissen. Die Datenverfolgung erfolgt automatisch und wird für jeden Benutzer gespeichert. Ich kann diese Software sowohl Eltern als auch Fachleuten wärmstens empfehlen.

— Elizabeth Kalmanov, MA, CCC-SLP

Sehr geehrter Dr. Andrey Vyshedskiy,

Mein Sohn Ahmed spielt jetzt das MITA-Sprachspiel auf dem höchsten

Schwierigkeitsgrad und wie von Ihnen vorgeschlagen, ohne dass ich mich groß einmische. Sein Bengali-Sprachniveau hat sich zu einer beachtlichen Ausdrucksform gesteigert (er ist 7 Jahre alt), und die englische Sprache kann er auch besser verstehen. Wir bemühen uns sehr das Sozialverhalten zu verbessern. Heute spielt er glücklich MITA und will danach nicht einmal „sprechender Rotschopf" spielen. Manchmal fragt er nach YouTube um ABCD-Kinderreime zu sehen, für all das bin ich Ihnen wirklich dankbar.

— *Anwara Perveen*

Tolle App. Ich arbeite mit Menschen, bei denen Autismus diagnostiziert wurde, und nutze diese App häufig in meiner Praxis. Ich bin verliebt in die Tatsache, dass die App den Fortschritt für mich dokumentiert! Danke ImagiRation!

— *Flowery Rosey*

Mein Sohn redet mit mir! Seit dieser tollen App und unserer Autismus-Sprachworkshops kann ich mit meinem Sohn zehnmal besser kommunizieren.

— *Rebecca Savage*

Tolle App für Kinder mit Autismus/ASS! Mein 2 1/2 Jahre alter Sohn hat Autismus und er liebt diese App. Er ist sehr pingelig, wenn es um Apps geht, aber er liebt diese und es ist gut, dass Sie das Level an ihr Alter / ihre Fähigkeiten anpassen können. Daumen hoch!

— *Makesi Saumamao*

Dies ist eine wunderbare App mit adaptiven Rätseln, deren Schwierigkeitsgrad sich der Leistung Ihres Kindes anpasst. Mein Dreijähriger liebt die App total. Die Elternecke und Informationen zum Thema Autismus sind hilfreich. Ich würde die Verwendung von MITA empfehlen, egal ob Sie eine Diagnose erhalten haben oder nicht oder sich noch nicht sicher sind.

— *L Swatt*

Perfekt! Ich freue mich sehr zu sehen, wie gut mein Kind mit besonderen Bedürfnissen mit diesem Spiel zurechtkommt. Tolle App zur Mustererkennung. Ich war mir nicht einmal bewusst, wie sehr sie diese Konzepte verstand, bis wir das aufgrund ihrer eingeschränkten Sprachkenntnisse spielten. Ich sehe, dass sie auch dazu lernt. Die App ist umfangreich und hat eine Menge Abwechslung und eine lange Lebensdauer zu bieten. Vielen Dank für die tolle App!!

— Samuel

Mein Sohn nutzt diese App ebenso wie die Frühförderung, und ich habe so viele erstaunliche Fortschritte gesehen. Ich finde es toll, dass diese App Schritt hält und sich an die Leistungsfähigkeit eines Kindes anpasst und die Software entsprechend seinen Bedürfnissen eingesetzt wird. Jedes mal wenn ich eine Bewertung ausfülle, kann ich sehen wo er steht und wie er sich verbessert, basierend auf seinen Bewertungen, die sehr hilfreich sind. Ich bin so froh, diese App nutzen zu können und meinem Sohn den zusätzlichen Schub zu geben, um voranzukommen. Ich bin wirklich dankbar und glaube, dass die Arbeit die mit dem Programm geleistet wird, wirklich ein Geschenk ist. Danke Ihnen, dass Sie den Kindern diese wundervolle Möglichkeit geben.

— Yaya's mommy

Ausgezeichnete App! Mein Schulkind findet Rätsel mit mittlerem Schwierigkeitsgrad sehr interessant. Und das zweite Kind, das nicht so gut zurecht kommt, findet leichte Puzzles interessant. Die App ist für beide sehr nützlich, sie ist wirklich ein Juwel...

— Atul Vasisht

Diese App ist unser Favorit. Wenn Ihr Kind entwicklungsverzögert ist oder ein wenig zusätzliche Hilfe gebrauchen könnte, probieren Sie diese App aus. Dies ist das erste Spiel, das meine Tochter wirklich gerne spielt. Es passt sich täglich automatisch an und erkennt, wo das Kind Schwierigkeiten hat oder gut vorankommt. Es ist FANTASTISCH!

— Google User

Mein Kind hat Sprach-, Sprech- und Entwicklungsverzögerungen, aber noch keine ASS Diagnose. Dies ist die erste App, für die ich ihn begeistern konnte. Sie verfügt über eine vollständige elterliche Kontrolle zur Auswahl der Stufen und Anzahl der Spiele für jede Aktivität auszuwählen. Die App passt die Level automatisch nach oben und unten an. Anhand der Auswertungen können Sie sehen, wie sich Ihr Kind entwickelt. Brillant!

— Google User

Kann diese App nicht genug empfehlen. Brilliant! Mein Sohn liebt die App und hat in sehr kurzer Zeit erstaunliche Fortschritte gemacht. Vielen Dank für Ihre harte Arbeit und Ihren Einsatz - ich bin Ihnen sehr dankbar.

— Colleen Crous

Mein Sohn liebt diese App und ich auch! Wir arbeiten täglich zusammen an den Lektionen, und wenn ich ihn für ein paar Minuten ablenken und beruhigen muss, ist er begeistert wenn er eine Zeit lang unabhängig arbeiten kann. Er liebt es so sehr, dass er den ganzen Tag spielen würde, wenn ich ihn ließe! Seitdem wir angefangen haben konnte ich beobachten, dass er in mehreren Bereichen große Fortschritte gemacht hat. Er freut sich über das positive, ermutigende Feedback, und ich freue mich über die bezaubernden Zeichnungen. Sehr, sehr empfehlenswert!

— ElennaLQ

Dies sind einfache ABA-Kenntnisse in einer App. Das Design ist sauber und schlicht. Die Spiele sind auf Erfolg ausgelegt. Als ABA-Therapeut und Elternteil von zwei Kindern aus dem Spektrum kann ich diese App nur empfehlen. Vielen Dank an die Entwickler dieser App!

— Emilou37

Es gibt einen Grund, warum diese App die Nummer eins auf der Rangliste ist. Dies ist eine App, die ich persönlich seit Jahren benutze. MITA steht für Mental Imagery Therapy for Autism. Es handelt sich um eine evidenzbasierte Frühinterventionstechnik. Diese App verfügt über eine unbegrenzte Anzahl interaktiver Rätsel, die Kindern mit Autismus helfen sollen ihre Sprach- und Hörfähigkeiten zu entwickeln. Die Kinder folgen verbalen Aufforderungen, um Rätsel mit zunehmendem Schwierigkeitsgrad zu lösen. Diese Technik wird auch in der Sprachtherapie und im Training von Schlüsselreaktionen verwendet. Die App verwendet einen adaptiven Algorithmus, um den Schwierigkeitsgrad der Aktivitäten basierend auf dem Können und der Leistung Ihres Kindes anzupassen.

— Raising an Extraordinary Person blog

Ich denke, die App ist sehr gut. Dies ist die einzige Entwicklungsanwendung, die mein Kind mit Autismus-Spektrum-Störung nutzen kann. Ich empfehle die App.

— Richárd Nagy

Diese App ist wirklich erstaunlich! Mein fast 3-jähriger Sohn hat ASS mit Level 3 diagnostiziert und verfügt über große Fähigkeiten zur Problemlösung und kann fantasievoll spielen. Er hat in den letzten 3 Monaten seit der Verwendung von MITA so viele Fortschritte gemacht! Nochmals vielen Dank für eine App, die für Bildungszwecke genutzt werden kann!

— Spencer Vaughn

Durch lustige Spiele lernen die Kinder was von ihnen verlangt wird. „Gib mir / suche" lehrt dich Objekte, Farben und Größen zu unterscheiden.

— Lorena Agradi

Mein Sohn ist ein Autist aus dem Autismus-Spektrum und dieses Spiel IST FANTASTISCH. Er kann in seinem eigenen Tempo arbeiten, und er entwickelt sich so gut wie es geht. Als Elternteil können Sie die Einstellungen so anpassen, dass Ihr Kind das Beste aus der App heraus holt. Ich bin eine ECHTE MUTTER. Normalerweise schreibe ich nicht allzu viele Bewertungen, aber diese App kann ich definitiv empfehlen. Ich benutze die App jetzt auch für mein 2-jähriges Mädchen, das sich alterstypisch entwickelt. Sie lernt und profitiert auch von MITA!!

— Christina Marie

Diese App ermöglicht meiner Tochter die von ihr gewünschte Zeit am Bildschirm, während sie gleichzeitig die notwendigen Fähigkeiten trainiert. Die Tablet-Zeit hat sich zu einer positiven Erfahrung mit weniger Nervenzusammenbrüchen entwickelt.

— Grace Mulholland

Ich habe diese App für meinen nonverbalen 3-jährigen Sohn heruntergeladen. Dies war das erste Spiel oder die erste App, bei der ich ihn dazu bringen konnte still zu sitzen und sich darauf zu konzentrieren, und er liebt es! Ich liebe es zu sehen, wie schnell er die verschiedenen Rätsel lernt und die Art wie er sie löst, auch wenn sie immer komplexer werden. Völlig kostenlos und ein echter Spaß für Ihn. Vielen Dank!

— Rebecca B

Mein Sohn liebt die App! Wir spielen zusammen. Diese App hat zwei Dinge für uns getan, erstens lernt Tim damit, und zweitens zeigt mir das Spielen, wie viel mein nonverbales Kind wirklich versteht. Es stellt sich heraus, dass er viel mehr weiß, als ich ihm zugetraut habe. Unglaublicher Wert für eine kostenlose - wirklich wirklich kostenlose App.

— Rachel Smisek

Über den Autor

Andrey Wyshedskiy, Ph.D. ist Neurowissenschaftler der Boston University. Er hat über 100 wissenschaftliche Publikationen verfasst die im New England Journal of Medicine, Journal of Autism and Developmental Disorders, Thorax, Chest, Journal of Neuroscience und anderen führenden wissenschaftlichen Zeitschriften erschienen sind. Seine Forschung konzentriert sich auf die Entwicklung von Kindern, die neurologischen Grundlagen der Vorstellungskraft und die Evolution der Sprache. Dr. Vyshedskiy lehrt seit über zwei Jahrzehnten Humanphysiologie und Neurowissenschaften des Bewusstseins an der Boston University. Er unterrichtete auch regelmäßig Studenten der Tufts Medical School. Dr. Vyshedskiy hat mehrere erfolgreiche Unternehmen gegründet und die Entwicklung mehrerer von der FDA zugelassener Medizinprodukte geleitet. Basierend auf seiner Forschung hat ImagiRation eine Therapieanwendung für Kinder mit Autismus entwickelt, Mental Imagery Therapy for Autism oder MITA, die nachweislich ihre Sprachfähigkeiten deutlich verbessert.

www.ingramcontent.com/pod-product-compliance
Ingram Content Group UK Ltd.
Pitfield, Milton Keynes, MK11 3LW, UK
UKHW020423250726
13967UKWH00007B/2781

9 781794 865082